領導者的真正課題

建立關係、堅持理念、
與人性關懷的藝術。

MAX DE PREE
麥克斯・帝普雷——著
江麗美——譯

LEADERSHIP IS AN ART

New Foreword by the Author

經營管理 135

領導者的真正課題

建立關係、堅持理念、與人性關懷的藝術

（原書名：僕人的領導思維）

作　　者　麥克斯・帝普雷（Max De Pree）
譯　　者　江麗美
責任編輯　林博華
行銷業務　劉順眾、顏宏紋、李君宜
總 編 輯　林博華
事業群總經理　謝至平
發 行 人　何飛鵬
出　　版　經濟新潮社
115台北市南港區昆陽街16號4樓
電話：(02)2500-0888　傳真：(02)2500-1951
經濟新潮社部落格：http://ecocite.pixnet.net
發　　行　英屬蓋曼群島商家庭傳媒股份有限公司城邦分公司
115台北市南港區昆陽街16號8樓
客服服務專線：02-25007718；25007719
24小時傳真專線：02-25001990；25001991
服務時間：週一至週五上午09:30-12:00；下午13:30-17:00
劃撥帳號：19863813；戶名：書虫股份有限公司
讀者服務信箱：service@readingclub.com.tw
香港發行所　城邦（香港）出版集團有限公司
香港九龍土瓜灣土瓜灣道86號順聯工業大廈6樓A室
電話：852-2508 6231　傳真：852-2578 9337
E-mail: hkcite@biznetvigator.com
馬新發行所　城邦（馬新）出版集團 Cite(M) Sdn. Bhd. (458372 U)
41, Jalan Radin Anum, Bandar Baru Sri Petaling,
57000 Kuala Lumpur, Malaysia.
電話：+6(03)-90563833　傳真：+6(03)-90576622
E-mail: services@cite.my
印　　刷　漾格科技股份有限公司
初版一刷　2008年6月10日
三版一刷　2024年6月4日

城邦讀書花園
www.cite.com.tw

ISBN：978-626-7195-67-3、978-626-7195-68-0（EPUB）

定價：350元

〈出版緣起〉

我們在商業性、全球化的世界中生活

經濟新潮社編輯部

跨入二十一世紀，放眼這個世界，不能不感到這是「全球化」及「商業力量無遠弗屆」的時代。隨著資訊科技的進步、網路的普及，我們可以輕鬆地和認識或不認識的朋友交流；同時，企業巨人在我們日常生活中所扮演的角色，也是日益重要，甚至不可或缺。

在這樣的背景下，我們可以說，無論是企業或個人，都面臨了巨大的挑戰與無限的機會。

本著「以人為本位，在商業性、全球化的世界中生活」為宗旨，我們成立了「經濟新潮社」，以探索未來的經營管理、經濟趨勢、投資理財為目標，使讀者能更快掌握時代的脈動，抓住最新的趨勢，並在全球化的世界裏，過更人性的生活。

之所以選擇「**經營管理—經濟趨勢—投資理財**」為主要目標，其實包含了我們的關注：「經營管理」是企業體（或非營利組織）的成長與永續之道；「投資理財」是個人的安身之道；而「經濟趨勢」則是會影響這兩者的變數。綜合來看，可以涵蓋我們所關注的「個人生活」和「組織生活」這兩個面向。

這也可以說明我們命名為「經濟新潮」的緣由——因為經濟狀況變化萬千，最終還是群眾心理的反映，離不開「人」的因素；這也是我們「以人為本位」的初衷。

手機廣告裏有一句名言：「科技始終來自人性。」我們倒期待「商業始終來自人性」，並努力在往後的編輯與出版的過程中實踐。

目次

作者序

《領導者的真正課題》（*Leadership is an Art*）一九八七年首次出版時，我剛從赫曼米勒公司執行長的職位上退休。往後的歲月裏，我又擔任赫曼米勒的董事長八年之久。我逛到每一家書店，幾乎都會發現架上有個「領導」專區。好的壞的最高領導階層我們都見過了。我寫過四本書，教授過一些課程，而我對於指導年輕的領導人又特別積極。對我來說，教導年輕人是領導者最主要的義務。

擔任導師（mentor）充滿挑戰性，但也可以得到豐富的收穫。要當個好導師，我們就得花時間了解我們的指導對象的世界。要真的幫助到別人，這是唯一的方法。去觀察並且參與這個美妙的成熟過程，會讓你覺得一切努力都很值得。多年前我自己在接受卡爾・弗洛斯特（Carl Frost）、許大衛（David Hubbard）與彼得・杜拉克（Peter Drucker）的指導時，正是在汲取許多成功良師的教誨，只是當時我並沒有意識到這點。

我在撰寫這本書時，並不了解一個人在發展成為領導人的過程當中，與導師之間的關係有多麼重要。今天我則是確信這點的重要性，因此我建議你趕緊去找到一、兩位良師，引導你走過這條路，培養真正的領導能力。然後要記得，報答你的導師最好的方法，就是自己也成為別人的良師益友。

過去十五年來，這本書的讀者來信數量——以及這些信件裏所透露的洞見與評語——都令我嘆為觀止。讀過這本書（並自己做主）的人數很驚人。有一位男士來信說，他的妻子送了一本給她的上司，以為那會對他有幫助，結果竟遭到開除！幸好她很快找到一份更好的工作。在軍中、教會、教育界與非營利世界的人們——許許多多的人都來信提問與評論。大多數人都贊同我的信念，相信領導是一個困難而重要的很根本的議題。我收到的信裏，談得最多的，是人們如何與領導階層搏鬥。

在《領導者的真正課題》裏，有許多個不同的主題。在這裏，我想提出我認為最重要的三點，我認為它們是領導藝術的根本。過去幾年來，讀者也都認為這三項尤其重要。

其中之一是正直（integrity）。許多人都寫過它和領導之間的關聯。我們都知道，正直是自由市場制度賴以維繫的原則之一。我們大多了解，正直的原則對整個社會是有益的，而且它並不只是一個利他的概念——利他是非常個人主觀的想法。有時候，有些特質會被改變以適應領導者，但正直卻不容打折。有些領導者因為無法負起責任而備嚐苦果，我們的媒體報導已有很多這類的故事。有些領導者在欠缺正直之外，甚至無法了解自我節制在文明社會裏的作用，而使情況更加嚴重。正直，多麼簡單，又多麼深奧。

有個特殊的技能是領導人在工作中必須為人表率的，即必須有能力建立並培養關係。我們的生活與工作中的各種團體與組織都是相互依存的，這種情況在今天更甚於以往。今日社會很少有人能夠獨行其是。當然，這意味著我們在運用我們的特殊天分與專長時，會受到我們在生活中所共事的人們的天分與技能的影響。因此，從技術上說，我們唯一能發揮潛力的機會，就是從我們的人際關係開始。另外，導師尤其能夠幫得上忙的地方，就是指導如何去創造人際關係。如你所知，人際關係最主要是跟心態有關。

讀者給我的第三項肯定，是在於建立社群的重要性。社群就是這一切發生的所在。在社群中，我們都有機會與機緣去盡量利用其中的資源。唯有在社群中，我們才能設定有意義的目標，評量我們的表現。唯有在社群中，我們才能成長茁壯，發揮我們的潛力。唯有在社群中，我們才能尊敬與尊重與感謝那些對我們的生命有所貢獻的人，而我們大家都是相互依存的。唯有在社群中，我們才能真正原諒彼此。唯有在社群中——無論是在公司、教會或球隊裏——我們才能服務與了解其他人。真誠的領導者會認為自己有責任引導一個團體或組織，去打造他們想要的社群的樣貌。我們必須先知道自己想要成為什麼樣的人，才會知道我們的人生該怎麼做、怎麼過。

我真的希望你會在這本書中，自己找到這些主題，並且在上面更添枝葉。我希望你會發現這些主題對你有所幫助，並且能夠塑造它們，讓它們在你的領導人生的獨特架構中，能夠合你所用。

麥克斯・帝普雷

二〇〇三年十一月

前言：歷史、領導力與企業生活的願景

「赫曼米勒（Herman Miller）是一家經營得很棒的公司」，我希望我是第一個指出這點的人。但事實上，這個早就不是祕密了。該公司在一九二三年由迪傑・帝普雷（D. J. De Pree）所創辦，從一九三〇年代開始，它的與眾不同驚動了業界——還帶來創新的浪潮。

自從讀完麥克斯・帝普雷（迪傑之子，也是目前赫曼米勒的執行長）這本絕妙好書，我就搜索枯腸，試著回想我是幾時知道有這家公司的存在。後來想起，我也許是在一九五〇年代早期吧，溜進我的第一張查爾斯・伊姆斯（Charles Eames）設計的椅子；然而，當時我不過七、八歲，我很懷疑有人會告訴我，那張讓我滿足地窩在裏面，設計得舒適優雅的椅子，製造者是一家名為赫曼米勒的公司。（而且，又過了很久之後，我才知道，原創的伊姆斯設計椅，已經納入紐約現代博物館〔New York's Museum of Modern Art〕和巴黎的裝飾藝術美術館〔Louvre's Musee des Arts Decoratifs〕永久典藏。）

將我的記憶向後推三十年，我對赫曼米勒公司已經知之甚詳，因此在一九八三年密爾敦．莫斯柯維茲（Milton Moskowitz）和他的同僚將它選入「全美百大理想職場」（the 100 Best Companies to Work for in America）時，我並不覺得意外。當時這對我而言是個淺顯容易的選擇。啊，現在我終於想起來為什麼了！我在一九七二年**第一次**聽見赫曼米勒的名字。那一年美國剛剛被日本工業的威脅震醒，數百位像我這樣的企管顧問都被找來，急著尋找能夠改善美國製造業生產力的方法。就是那年，我「發現」了史坎隆計畫（Scanlon Plan），那是個「有效而人性化」的方法，員工會因此而受到激勵，設法改善他們工作的質與量。

史坎隆理念很簡單：當員工建議一些可以改善生產力的方法，他們就會因為自己的貢獻而得到金錢上的收益。我知道史坎隆計畫時，覺得那真是個了不起的點子——至今我依然這麼認為。不過，嗯，在一九七二年時，我發現這個操作方式在赫曼米勒已經實行了大約**二十**年！

事實上，從此以後我知道，我後來「發現」的每一個卓越的管理方式，幾乎都可以在赫曼米勒的日常運作裏找到。這就是為什麼許多像我這樣的人——管理學教授、商業記者和管理顧問——會花上似乎毫無節制的時間，去研究赫曼米勒的制度，了解該公司傑出的進展。人們會去追蹤赫曼米勒令人敬佩的表現，理由多如牛毛。以下是一些例子：

首先，這是一家利潤極高的公司：一九七五年花一百元投資赫曼米勒的股票，到了一九八六年，它的價值變成——我精確地算出來——四千八百五十四元六毛（您不用找計算機了，它的年複合成長率是四十一%）。在《財星》五百大裏面，「小小的」赫曼米勒總營業額大約只能排名第四百五十六名，但是投資人十年的總報酬率卻是排名第七。（這是財務人士所謂的底線。）

其次，其他家具公司的員工人數較多，但赫曼米勒的員工是業界最有生產力的（以每名員工的淨收益計算）。此外，即使赫曼米勒在某些方面的評量數字比不上競爭對手，但是赫曼米勒在設計與研發上的花費，平均來說，幾乎是競爭對手的兩倍。（生產力高的員工＋創新的產品＝業界龍頭，不是嗎？）

第三，誰能忽視該公司的創新能力？我已經提過赫曼米勒在設計與研發上的花費。但是比他們的花費更引人矚目的是他們的成果：開放式辦公室、書桌與牆壁連接、可堆疊椅、「塊狀屏風系統」（如果這個名詞很生硬，就想想「半透明、模組」，就上道了）——這一切，還有許許多多，都是赫曼米勒的創新設計。你也許會問，如此先進的設計觀念怎麼可能來自這樣一個公司，它的總部在密西根州的濟蘭市（Zeeland），那是個冰天雪地的地方，沒有酒吧，沒有撞球廳，也沒有戲院？不是所有最高級的計設師都住在紐約、巴黎或羅馬嗎？麥克斯說，他們都來到濟蘭市，因為迪傑．帝普雷和在麥克斯之前的總裁，也就是他的哥哥休．帝普雷「能夠虛心接受別人天馬行空的點子」。迪傑談到二十世紀最偉大的設計師——吉伯特．羅德（Gilbert Rhode）、查爾斯．伊姆斯（Charles Eames）與羅伯．普洛斯特（Robert Propst）——來到濟蘭市時，他跟他們保證，他們可以自由設計伊姆斯所謂的「好東西」（good goods）。迪傑和後來的休．帝普雷，都向他們保證，不會讓討厭的經理人、業務人員和工程師動到他們的設計，不讓他們「這裏那裏的做一點點改變」。你看，迪傑判斷，好的設計有它的市場，好的設計師需要有自由去測試他們天馬行空的點子。簡言之，迪傑在很久以前，就已經知道赫曼米勒將是業界領袖，而非追隨者。這點至今依然。

第四，麥克斯就跟他的爸爸一樣，相信「**虛心接受他人力量**」的規則。不只是那些做為「專家」的他人——也就是說，不只是世界級的設計師，以及那些擁有大學學歷的人，而是所有（相信）赫曼米勒的員工。例如，透過史坎隆計畫，員工可以向管理階層建議一些能夠改善顧客服務、品質與生產力的方法。在一九八七至八八年，赫曼米勒的員工做出的建議使得公司省下大約一千兩百萬美元的成本（換句話說，平均每一位美國員工就省下約三千美元）。而且，每個月裏有一天，最高管理階層會向員工報告公司的生產力與利潤——在大多數美國的大公司裏，這類資訊通常束諸高閣——而且經理人還會針對所有員工的建議，報告它們的進展狀況。員工為什麼要在乎呢？因為他們都是公司的老闆（所有在那裏工作一年以上的正式員工，百分之百擁有公司的股票，另有一半以上的人還會定期購買公司股票，那是公司給予的福利）。「在這裏，」麥克斯說：「員工的表現就像他們是這裏的主人一樣。」

第五，也是最重要的，赫曼米勒是一個正直的地方。麥克斯定義正直（integrity）為「對個人義務有良好的知覺」。該公司的正直表現在它致力於優越的設計、品質與對社會的貢獻——也在於它對客戶、投資者、供應商與員工的尊重。正直也出現在許多小小的地方。例如，其他公司的領導人只會忙著「顧自己」，為自己安排金色降落傘（Golden Parachutes），而赫曼米勒卻在一九八六年，為所有任職超過兩年的員工引進銀色降落傘（Silver Parachutes）。萬一有人惡意併購赫曼米勒，而導致員工遭到解雇，銀色降落傘的計畫就可以讓他們軟著陸，而這些階層的員工在大多數企業裏都是無人聞問的。然而，赫曼米勒偏偏就不像大多數其他的商業組織。

一九八八年，《財星》雜誌選擇赫曼米勒為全美「十大最受推崇的企業」（ten most admired companies），這還會令人感到意外嗎？（它不僅在該行業排名第一，在「產品或服務品質」一項裏，還是全美所有公司的第四名。）

儘管這一切都很令人敬佩，但我會向所有的領導人與準領導人推薦麥克斯的這本書，還有個重要原因。我熱切地為這本書背書，是因為在企業領導這個主題上，我相信這是有史以來寫得最好的一本書。過去幾年出版過十幾本書強調領導人要追求企業卓越，但是只有這本書，提到了有關領導的一個基本但常常被忽略的真理：**領導者要有想法**。在那些其他書裏，領導人被描繪成具有領袖魅力的人、演藝人員、啦啦隊長、詐欺藝術家、夢想家、獨裁者、以及馬戲團的特技人員等等。他們只會吼叫著下令，然後到處去干涉別人的工作。在一家員工有一千人的公司裏（更別提十萬人），這種做法怎麼可能行得通！麥克斯的領導概念卻大不相同。他從經驗裏得知，領導人不是嗓門大，鞭子抽得兇，也不是像電視明星一樣趕流行，就可以叫得動他的員工。如麥克斯所說，領導的藝術是「**盡可能以最有效而人性的方法將人們解放，讓他們去做自己該做的事**」。因此，領導人是他們的追隨者的「僕人」，因為他要幫他們去除工作上的障礙。簡言之，真正的領導者讓他們的追隨者能夠完全地發揮潛力。

要有效做到這點，領導人的頭腦就得非常清晰。換句話說，領導人必須很清楚自己的信念：有關人性的假設、組織應扮演的角色、績效的評量（以及麥克斯在書中提到的許多其他議題，都包含在那些非常有用的蘇格拉底式的表列項目裏），都必須想得很透徹。由於領導人已經事先想過這類問題，他們自然會有足夠的自信，如麥克斯所說：「會去鼓勵相反的意見」，並「虛心接受他人的力量」。簡言之，**真正的領導者是傾聽者**。領導人會傾聽追隨者的構想、需求、渴望與期待，然後——在自己發展完備的信仰體系之內——以合宜的方式做出回應。這就是為什麼領導人必須了解自己的心。這就是為什麼領導者需要有想法。這也就是這本書的內容：有關組織領導的想法的大綱。

還有一個問題：它行得通嗎？（麥克斯．帝普雷在這本書上描述的領導的藝術，他真的身體力行嗎？赫曼米勒公司的成功，和麥克斯的領導方式有明顯的關係嗎？）答案是有保留的肯定。要知道，這個肯定是出自我這樣一個懷疑論者，我（很痛苦地）了解，許多執行長總是把自己的哲學說得天花亂墜，做的卻是另外一套。因此，麥克斯．帝普雷所談的領導的藝術，有好一段時間，我都把它當成是一種理論，直到我給了它一個終極測驗，去問他的追隨者，**他們**對赫曼米勒的最高管理階層的感想如何。接著我第一次有機會去參觀赫曼米勒的一座廠房。我獲得完全的自由，可以到任何地方，和任何人談話，無論經理人或工人。唯一的問題是，我無法分辨他們！看似生產線員工的人，在忙著解決「管理上的問題」。像是經理人的人，卻捲起袖子，跟大家站在一起工作，全員出動，以最有效的方式生產最好的產品。「**傑出的領導，最主要是表現在追隨者身上**，」麥克斯在這本奇妙的小書上這麼說。

當然是的。我在赫曼米勒公司交談過的每一個人（工人或經理人），從他們身上都可以發現**自我管理**的豐饒靈魂，從這樣的精神可以看出麥克斯是一個何等優秀的領導人。那是在我以前參觀過的數十家企業裏，從來沒見過的。我發現，麥克斯不僅身體力行他所教導的一切，為他工作的人也是如此——他們也是他所**服事**（serve）的人。這些人全力奉行麥克斯秉持的信仰與理念，尤其是他認為赫曼米勒必須持續不斷改善它的產品，同時必須持續更新它的企業精神，才能在未來的日子裏維持競爭力。

因此，如果有人關心未來，就會去投資這樣的公司。至少，我就是這麼做的。前些日子，我把我為小女兒存在銀行裏的大學教育基金，投資在赫曼米勒的股票上。我在乎女兒的未來，因此我投資的是一個有未來的公司。由於有了麥克斯・帝普雷留在赫曼米勒的領導遺產，它的未來何等光明！

詹姆斯・歐杜爾（James O'Toole）
南加大商學院

引言

這本書，你從哪裏開始讀都可以。這比較像是一本談理念而非實務的書。這不是大多數人所謂的管理書，談如何把工作做好——雖然這裏表達的一些信念也許可以幫你做到一些極為重要的事。這本書談的是領導的藝術：盡可能以最有效而人性的方法將人們解放，讓他們去做自己該做的事。

這不是一本有關事實或歷史的書。雖然我也愛說故事，這本書卻沒有多少故事情節。既然它談得比較多的是理念與信仰以及人際關係，就免不了觸及組織與企業生活裏的「為何」，而不是「如何」。利潤是人們期待的「如何」的結果，它當然是正常而不可或缺的。然而，這些結果只是在某個時點，用來衡量我們的資源是否豐富的一個方法，是漫漫長路上的里程碑。比較重要的是，我們為何得到那些結果。這也就是本書的內容。

許多人幫助我完成這本書，他們自己卻不知道。有幾個人的名字在書上出現。書上也多次提到赫曼米勒公司。這很自然，因為我在那裏工作了四十年。那麼，你就不會驚訝我為什麼對這家公司特別有好感了。那裏的人都成了我的第二家人。閱讀這本書的你們，或許不少人會在裏面看到自己的影子。或許我們未曾謀面，但是對我而言，這並不難理解。

無論如何，書中提到的理念與信仰與原則幾乎適用於任何團體活動。在幾乎任何組織中，都可以建立起各種不同的健康的關係。

查爾斯．伊姆斯讓我明白重複的好用之處。我經常重複自己說過的話，刻意設計的，用以建立起一些東西，然後讓它跟別的東西產生關聯。新的情境會需要另一種關聯，因為事情是以新的方式出現，需要和我的所知產生關係。

領導是一種藝術，是長時間學習而來，不是光靠書本。領導比較像部落文化，而不怎麼科學，需要編織關係，而不是蒐集資訊，就這點來說，我就不曉得要如何描述它的每一個細節。

可以這麼說，每一個讀者都是根據自己的經驗與需求與信仰與潛力，「讀完」

每一本書的。這是你真正得到一本書的精髓的方式。買書很容易；擁有（own）它們卻不然。這本書還有許多空間，可以讓你看完這本書，真正擁有它。這本書裏的理念在我腦海裏已經存在好些年，它們在裏頭改變、長大、成熟。在這本書出版之後，我還會繼續思考它們，我相信你也會。

我這麼說是希望你了解，這本書會需要你的參與，而且它可以坦然接受你的影響與觀察。如你所讀到的，書中提到的理念，應該要能夠有許多例子來加以闡釋，尤其是關於參與（participation）及做主（ownership）的部分。我希望這本書就像許多思慮完善的建築一樣，是有發展空間的。

孩提時代，我經常看著大人們讀書，因而學會了閱讀的第一課。他們會在書上寫字。用心投入的讀者往往會在字裏行間自己眉批加註。（或許你也會在閱讀本書時，在每一行之間寫很多字！）好的讀者會把他們學到的東西據為己有，做法是畫底線，寫評語，提問題。他們以這種方式「讀完」自己看到的內容。

你可以快速讀過這本書，但我希望你沒辦法很快讀完它。如果你可以把它讀完，如果你真的把它據為己有，它對你的價值會更高。

許多年前，赫曼米勒擴建某個廠房。鋼架都立起來了，有位監工突然發現什麼地方有問題。他發現擴建的部分高出了八吋。所有的柱子都得切斷。我還保留了兩塊切下來的末梢，它們都鍍了鉻。如今它們就站在我的辦公室裏，做為民俗雕塑品，用來提醒我，沒有人是完美的。書也一樣。

第1章

工匠之死

領導者必須認定「人」的觀念。
而認定人則要從了解人的天賦、
才幹與技能的多樣性開始……

我的父親已是九十六歲高齡。他是赫曼米勒（Herman Miller）公司的創辦人，公司的許多價值體系與內在能量都是他的貢獻，這些珍貴遺產至今依然引領著我們。一九二〇年代時的家具業，大多數工廠的機器都不是由電動馬達驅動，而是用中央傳動軸的滑輪。中央傳動軸是由蒸氣引擎帶動的。蒸氣引擎由鍋爐得到蒸氣。至於鍋爐的燃料，以我們工廠來說，則是機電室裏出來的木屑或是其他廢棄物——好美的循環。

工匠負責監管這個循環，整個操作活動都靠他。他是關鍵人物。

有一天，工匠死了。

我父親當時還只是個年輕的經理人，不知道一個關鍵人物死去時，他該做些什麼，但他認為應當拜訪他的家屬。他到了那人家裏，家屬帶他到客廳與眾人相聚。裏頭有些教人覺得尷尬的對話——許多人都很熟悉的對話。

遺孀問我父親，她可不可以朗讀一些詩。他當然說好。她進去另一個房間，拿來一本線裝書，接下來她朗讀幾首寫得很美的詩，讀了好一會兒。她唸完之後，我的父親談到這些詩寫得有多美，並詢問詩人是誰。她回說是她的丈夫，也就是那位工匠，詩人就是他。

如今工匠過世將近六十年，我父親和許多公司的人還在想著：他是一個詩人而從事工匠的工作，還是他是一個會寫詩的工匠？

在我們的企業生活中，我們該從這故事中學習些什麼呢？除了那些財務比率與目標與參數與利潤之外，最重要的是，領導者必須認定「人」的觀念。而認定人則要從了解人的天賦、才幹與技能的多樣性開始。

了解與接納人的多樣性，我們就會明白，我們每一個人都是不可或缺的。它也會讓我們開始考慮接納別人的力量，**承認自己不可能無所不知、無所不能**。

單單是認清我們企業生活中的多樣面貌，就可以幫助我們將人們各式各樣的天賦串連起來，那是他們來到組織中工作與服務時就隨身攜帶的。公司擁有形形色色的人才，人人便能一展所長做出貢獻，使自己特殊的天賦成為企業運作的一部分。

認可公司裏形形色色的人，有助於我們了解我們有什麼樣的需求，才能去追求職場上的機會、平等與認同。認可公司裏的各種人才，會讓我們有機會實現意義、充實感與目的，這些並不單只屬於私生活領域，正如愛、美與喜樂。它還可以幫助我們了解，對許多人來說，目標與薪酬有著完全不同的意義。

歸根究柢，我們企業組織中，不僅確實存在著各種多樣性，而且就和工匠的故事一樣，往往不為人知。或者如另一位詩人湯瑪斯．葛雷（Thomas Gray）所說，才華可能無人留意，無人運用。

許多珠寶晶瑩，光亮剔透；
深藏於海中無人發掘的黑暗洞穴：
許多花兒綻放無人瞧見，
甜香糟蹋在沙漠的空中。

當我們想到領導人，以及人們帶到企業與組織來的各種才華，我們就可以了解，領導的藝術就在於解放這些才華，使它們得以施展開來，並更加發光發熱。

第2章

何謂領導？

領導者的第一要務是充分認清現實。
最後一件事是說謝謝。
在這中間，
領導者必須成為一個僕人，
一個債務人（受惠待報之人）。

領導者的第一要務是充分認清現實。最後一件事是說謝謝。在這中間，領導者必須成為一個僕人，一個債務人（受惠待報之人）。總結來說，這就是一個高明的領導人成長的過程。

領導的概念，領導的點子，以及領導的作風，都是許多人思考、討論、寫作、教導與學習的主題。人們都在尋找及培養真正的領導者。但是領導並不是一個容易說明的主題。我有個朋友簡單說明領導人的特色為：「領導人不會施加痛苦；而是要承擔痛苦。」

努力思考領導的課題，並不是要創造出偉大或有群眾魅力或知名的領導人。要衡量領導能力，並不是看領導者本人的素質如何，而是要看整個團體的狀況。傑出的領導，最主要是表現在追隨者身上。追隨者是否發揮潛力？他們有沒有學到東西？他們做出了貢獻嗎？他們是否達成要求的目標？他們以風度面對改變嗎？能夠處理衝突嗎？

我想讓你用一個方式來思考領導的概念。試著這麼想一個領導者，以聖經作者路加的文字來說，領導者是「服事的人」（one who serves）。領導意味著虧欠

（owe）組織某些事物。這是一種考量組織繼承人的方式，想到的是服務，而非擁有。羅伯・格林里夫（Robert Greenleaf）曾針對這個概念，寫過一本極為出色的書，《僕人領導學》（*Servant Leadership*）。

領導的藝術會要求我們從各種關係去思考這種「領袖即是僕人」的概念：從資產與遺產、動力與成效、禮貌與價值觀這些方面來看。

領導者應該要留下資產和遺產。首先，想想資產；領導人當然是要對資產負責的。領導人虧欠他們的組織一個健全的財務狀況，以及要維持財務健全所需的關係與商譽。領導人為了負起責任，必須帶給組織成員所需的，妥當的服務、產品、工具與儀器。在許多組織裏，領導人還必須提供土地與設備。

但是領導人還**虧欠**些什麼呢？領導藝術家還需要負什麼責任？當然我們還得顧及人的管理。人是所有這一切的中心與精神。沒有了人，就不需要領袖了。領導人可以決定自己只要一心一意地努力留下資產給他們組織的接班人，或是更進一步，留下一些東西，那是生命中比較難得的跟品質有關的一面，領導人可以為許多人的生命提供更偉大的意義、更多的挑戰與更豐富的喜樂。

領導人除了對其組織的資產負責之外，還虧欠組織裏的人員某些事物。領導人必須關注組織內的價值體系，因為組織內人員的運作方針，畢竟就是這個價值體系所導出的種種原則與標準。領導人必須清楚說明組織的價值觀。人們應該要能普遍了解並同意這些價值觀，並且據以決定他們的工作與個人行為。這個價值體系的基礎為何？人們如何表達這個體系？如何對它進行查核？這些都不是容易處理的問題。

領導人還要為未來的領導階層負起責任。他們必須找出未來的領導人，且培育他們。

領導人有責任建立起組織內對於品質的觀念，因為組織必須面對影響與改變。有效的領導人會鼓勵人們發表相反的意見，這是組織生命力的重要來源。我說的是領導人要如何滋養組織的根基，建立永續經營的意識，以及組織的文化。

領導人虧欠公司或組織一則盟約（covenant），因為，這些企業或組織到底就是一群人的組合。領導人虧欠組織一個新的參考點，讓人們知道在組織中一個真心關懷的人是什麼模樣，一個果決而又投入的人是什麼模樣。請注意我說的不是人們能做什麼——我們能成為什麼樣的人，才決定了我們能做些什麼。企業就和構成它們的人一樣，總是處於一種成為（becoming）的過程。盟約可以將人們結合在一起，讓他們能夠藉由滿足彼此的需求，而滿足了企業的需求。這方面我們的做法必須和所處的世界協調一致。

領導人還虧欠一種成熟度（maturity）。成熟度表現在一種自我價值感，一種歸屬感，一種期待感，一種責任感，一種可信賴感，以及一種平等感。

領導人虧欠公司慎思明辨（rationality）的能力。慎思明辨可以讓各種計畫與關係產生道理，並互相了解。它會帶來可見的秩序。唯有在慎思明辨的鮮明標記之下，我們才可能追求卓越，全力投入，發揮能力。一個理性的環境會重視信任與人性的尊嚴，在達成組織的目標之際，也提供人們成長發展與自我充實的機會。

對業界的認識，以及對公司財務的了解，都是必備的能力。唯有當一群人共享某些特定知識，並且能夠不斷地一同學習，他們才能夠保持生氣與活力。

領導人虧欠人們空間，自由層面的空間。有了自由，我們才能發揮自己的才華。我們需要給予彼此一些成長的空間，好讓我們能夠做自己，發展我們個自的能力。我們需要給彼此一些空間，那麼我們才能夠施與受一些美好的事物，例如構想、開放、尊嚴、喜樂、療癒及參與感。我們除了給彼此空間做為禮物之外，還需要給予彼此恩典與美，那是我們人人應得的。

另一個思考領導人虧欠什麼的方法，是提出這個問題：這個組織如果沒有了什麼，就不會是它本來的樣貌？

領導人必須提供動力，並維持它。領導階層背負著許多未來的債務。當然也有許多眼前的義務，動力就是其中之一。在一個充滿活力的公司裏，動力隨處可見。它並不抽象，也不神祕。只是有一群人，他們的生命與工作纏繞在一起，朝一個可見而合理的目標邁進。首先必須有能力足夠的領導人，還要有個經營團隊，大家積極地投入於組織的成長與發展。這個團隊的工作，就是要提供這樣的環境，以便凝聚動力。

動力來自清楚的願景，即公司未來樣貌的願景；來自一個思慮周延的策略，以達成這個願景；也來自經過謹慎構思溝通的方向與計畫，使得人人都能參與，而且能夠公開地負起達成計畫的責任。

動力需要有一個適切而有彈性的研究發展計畫，計畫的領導者要有傑出的天賦與獨特的才華。當一家公司的行銷與業務部門裏，有一群積極專業又有想法的人員，動力就產生了。當作業單位服務顧客的方式，讓顧客認為他們是各種工具、設備與服務的最佳供應者，動力就產生了。在這許多複雜的活動之下，最基礎的就是財務團隊的角色。他們提供財務方針與必要的比率數字。他們負責不同部門之間的資產，而這些部門就構成了公司這個大家庭。

領導人必須對組織的效能負責。有關效能（effectiveness）問題的著作很多——其中極出色的作品是來自彼得・杜拉克（Peter Drucker）。他有能力將概念簡化，令人拍案叫絕。他談到的一點是，效率（efficiency）指的是把事情做得正確，而效能則是做正確的事。

領導人可以用指派的方式達到效率，但他們必須親自處理效能問題。當然，自然產生的問題是「怎麼做」。要談效能問題，我們可以談上好幾頁，但我只想從兩方面來談。

首先要了解，讓人們能夠發揮他們的潛力——包括個人的潛力和公司或組織的潛力——就會產生效能。

在某些南太平洋的島國文化裏，一個拿著貝殼發表言論的人，就表示暫時擁有權威。領導人必須了解拿著貝殼的人是誰——換句話說，在什麼時候該聽什麼人說話。那麼人們就有可能完全發揮自己的天賦，為眾人所用。

當然，有時候領導人必須選擇該由誰來發表意見。這是領導的風險之一。領導人必須有評估才能的能力。領導人必須做為人的裁判。因為領導人要挑選的是人，而非職位。

另一種改進效能的方法，就是鼓勵流動式領導（roving leadership）。流動式領導會在不同時候不同情況，依當時狀況的需要而自然出現。流動式領導人擁有特殊的天賦或特殊的力量或特殊的氣性，才能領導這些特殊狀況。他們能夠得到其他人的肯定。（見「流動式領導」一章。）

領導人必須積極培養與表達禮貌及價值觀，並為其辯護。在一個有禮的組織或公司裏，我們會看見有風度的舉止，會尊重別人，也會了解何謂「好的產品」，並能夠感激我們為彼此所做的服務。

禮貌和價值認同脫離不了關係，卻與隨波逐流相互牴觸。禮貌的定義可以是：有能力分辨什麼是真正健康的，什麼則是在勉強過活而已。領導人有能力判別生存的優勢，以及什麼會造成敗亡。

如果抱著用完即拋的心態，拋棄產品與構想，拋棄原則與法則，拋棄人與家庭，就會走向敗亡。

帶頭消費，手頭寬裕，重視眼前的滿足，就會走向敗亡。

忽視工作的尊嚴與簡約（simplicity）的優雅，不重視互相服務的基本職責，就會走向敗亡。

大法官赫姆斯（Oliver Wendell Holmes）據說曾經如此形容簡約：「我不想多談複雜那一面的簡約，但我願意為了與複雜相反的簡約付出生命。」要取得生存的優勢，就必須尋找「與複雜相反的簡約」。

在今日世界，公司裏許多精力都用在維修與作業程序，用在官僚作風與無意義的資格條件上，擔任領導人就意味著可以享受一些特權，例如複雜性、模稜兩可的特權。但是別忘了，擔任領導人的意義，尤其是在於有機會幫助那許多允許他們成為領導人的人們，使他們的人生煥然一新。

第3章 以參與為前提

我相信現代最有效的管理法是參與式管理。
第一步是要相信人的潛力……

我們大多數人真正最想從工作中得到什麼？我們會想要找到最有效、最有生產力、報酬率最高的共事方式。我們會希望，我們的工作流程運用了所有合宜而妥當的資源，包括人、物資、財務。我們會希望，我們的工作流程與人際關係能夠滿足個人的需求，如歸屬感、希望有所貢獻、有意義的工作、有機會全心投入、有機會成長，而且至少能夠合理地控制我們自己的命運。最後，我們還希望有人會說：「謝謝你！」

企業界從透過權力來管理的形態與實行方式，已經進步到透過說服來領導，這個過程已經進行了幾年——而且還會繼續下去。這種做法，當然可能造成正式的組織權力漸漸式微。

我相信現代最有效的管理法是參與式管理（participative management）。今日有許多雜誌與書籍都在大量討論參與式管理，但是並非讀了幾本雜誌之後，就可以採取這樣的理論定位。第一步是要相信人的潛力。如果不相信那個潛力，也不相信人們帶到組織裏來的天賦，要談參與式管理就是自我矛盾。

參與式管理必須發自內心，出自個人的人間哲學。它也不可能像個管理工具一樣，能把它加入到公司的政策手冊上，或刪除它。

每一個人都有權利與義務去影響決策的制定，了解成果。參與式管理可以保證決策絕非任意妄為，它不是祕密，也不會不允許討論。參與式管理並不是民主制度。發言權並不等同於投票權。

有效的影響與了解，大多是來自於團體成員之間健康的關係。領導者需要塑造出某種工作環境與工作流程，讓人們可以培養出高品質的關係——人與人之間的關係、我們與所處的團體的關係、我們與客戶及顧客的關係。

要將理想的關係轉為現實是個問題，該怎麼做呢？並沒有一個保證能成功的公式，但我提出五個步驟做個開頭。當然，你可以修改或增加其他的步驟。

尊重人。首先，要了解他們各種各樣的天賦。了解這些不同的天賦，我們就可以邁入一個重要的步驟，即相信彼此。它也讓我們能夠開始用新的方式，去思考別人的長處。每一個人都會有些天賦——截然不同的天賦。真正的參與及進步的領導，會讓這些天賦在不同的時候，以不同的方式表現。請執行長參與投票決定該買哪一種直立鑽床是件愚蠢的事。請直立鑽床的操作員（他們才該投票決定該用哪一種工具）投票決定是否該宣布股票分割，也是同等愚蠢的事。

要了解，我們的信仰先於政策與執行方式。我在這裏談的是，包括我們公司與個人的價值體系。在我看來，似乎我們的價值體系與世界觀應該要和我們的職場生活密切結合，正如它也應該和我們工作之餘的生活密切結合，如我們的家庭生活、宗教生活、以及其他的活動與團體。

許多經理人都很關切自己的領導風格。他們會揣測自己在別人心目中是開放或專制或重視參與的。執行之於政策，一如風格之於信念。風格不過是我們所相信的一切的結果，亦即我們心之所向的結果。

要同意，人有一些工作上的權利。我們每一個人，無論我們的階級是什麼，都擁有同樣的權利：要被人需要，要參與，要有一個盟約關係，要了解企業，要能影響自己的命運，要負責，要有所訴求，要能夠投入。我將在下一章談到更多工作上的權利。

要了解合約與盟約所扮演的角色與關係。合約關係包括期待、目標、酬勞、工作狀況、福利、獎勵機會、限制、工作時程等等。這些都是我們正常生活的一部分，原本就應該存在。

但還需要更多——尤其在今日世界，我們大多數工作者都可以稱得上是自願工作者。為組織而工作的最優秀的人，就像是志工一樣。他們或許有能力在任何團體謀得高就，卻選擇在某個地方工作，為的不是像薪資或職位這類比較實際的理由。志工不需要合約，他們需要的是盟約。

盟約關係使得企業與組織得以親切地接納不尋常的人與不尋常的點子。盟約關係讓人們能夠參與，而發展出包容的團體（inclusive groups）。在「親密性」一章中，盟約與合約之間的區別將會有詳細的說明。

要了解，關係比結構重要。每一所教育機構都會透過評審小組，進行定期的評鑑。我是一所小型學院的合夥人，最近就進行了這麼一個評鑑。委員會的報告提到校長和教職員之間的信任程度非常高，但是這位校長不久就要退休了。為了和下一位校長建立這樣的信任感，委員會建議學院要將它的「結構」做一些必要的改變。可以想見，校長聞言必然莞爾一笑。結構和信任沒有一點關係。建立信任的是人。

最後，有個問題：你比較喜歡成為一個傑出團體的一分子，還是成為一群傑出的個人之中的一位？參與式領導有一些前提，在思考這些前提時，這也許是最關鍵性的問題。

第4章 工作者的權利

工作應該是，
而且可以是有生產力又充滿報償，
有意義又令人成長，
令人覺得充實又滿足，
能夠療傷又喜樂的。

波蘭政府曾有一次宣布，他們要「啟動嚴格的肉品配給制度，以恢復人們對社會主義的信心」。伊拉克政府有一次派遣特使到二十個國家，說明他們的國家在「戰爭前與戰爭期間」的和平態度。如此自相矛盾的說法往往是由於短視，以及偏見。只考慮單一觀點是很危險的。

不幸的是，效益與生產力這類令人躍躍欲試的主題，往往都只是從一個觀點來考慮——經理人的觀點。我們很習慣從管理階層的立場，要求達成某種效益與生產力。但是對生產工人來說，效益與生產力又意味什麼？我們有必要闡明一個新的工作觀念。

有些人認為金錢和「獎勵」和複雜的物質主義，就是生產力的關鍵。有些人則是迷失在不得不然的政治結盟裏，或是我們熟知的許多敵對的關係裏。

對我們這許多的工作者而言，我們眼中做為個人的自己，和做為職場工作者的自己之間，存在著令人懊惱的差距。我們需要消除那種差距感，恢復生命中的一致性。

工作應該是，而且可以是有生產力又充滿報償，有意義又令人成長，令人覺

得充實又滿足，能夠療傷又喜樂的。工作是我們極大的特權。工作甚至可以充滿詩意。

有個思考工作的方式是，問問詩人或哲學家會如何領導一個企業。在赫曼米勒公司，我們的詩人與哲學家大多是設計師——喬治・尼爾森（George Nelson）、查爾斯・伊姆斯（Charles Eames）、羅伯・普洛斯特（Robert Propst）、比爾・史唐普（Bill Stumpf）。無論在哪一方面，這幾位非常特殊的人對赫曼米勒都有不可抹滅的貢獻。而且，他們都是傑出的老師。

喬治・尼爾森幫助我了解，「創意」就像是物理學家的大發現一樣。今日企業的創意過程，就本質上來說，是很難掌握的。任何真正有創意的事物都會造成改變，而在一個運作良好的官僚體系或組織或大企業裏，有件很難處理的事，那就是改變。

幾乎在每一個團體裏，幾乎每一個人在不同的時間，都以不同的方式在扮演兩個角色：一個是創造者，另一個是執行者。這個重要的關係往往被低估，也會被錯誤地打上「上司」與「部屬」的名號。這個地方並不適合有階級之分。執行工作往往就和它要執行的創意一樣必須有創造性。在這個時候，管理階層與領導人會發現，要敞開胸懷接受別人的影響是最困難的。

吉姆．凱特（Jim Kaat）是我的妻舅。他擔任了二十五年的大聯盟投手。在一九六〇年代中期，他有個難忘的機會，在世界大賽裏對上知名的投手山帝．柯法斯（Sandy Koufax）。

有一回我問吉姆，柯法斯偉大的地方在哪裏。他表示柯法斯是個難得的天才，受過很扎實的紀律與訓練。「事實上，」他說：「在大聯盟的投手之中，柯法斯的快速球是唯一可以聽見嗡嗡聲的。敵對的打擊者不會在休息區裏喧鬧，而是靜靜聽著那快速球發出的嗡嗡聲。因此輪到他們的時候，都已經嚇得手軟了。」

我告訴吉姆，我知道如何對付柯法斯。一個很簡單的方法。我說：「你可以讓我去擔任他的捕手。」

懂了嗎，每一個偉大的投手都需要一個出色的捕手。我是這麼一個技術欠佳的捕手，柯法斯只好把球投得慢一點，我們就剝奪了他最犀利的武器了。

在棒球界和企業界都一樣，當每一個個人的需求獲得滿足之後，團體的需求也才能獲得最大的滿足。構築一個願景，一同追求，我們就可以解決效益與生產力的問題，或許也可以同時根本地改變工作的觀念。

任何工作觀念都出自於了解投手與捕手之間的關係。投手和捕手都一樣享有如下的一些權利。要具備工作的新觀念，這些權利是最基本的。當然這些項目並不完整，但是都不可或缺。

1.被需要的權利。我可以運用我的天賦嗎？長期而言，這點最能夠有效滿足團體的需求。我的兒子恰克以他的年齡來說，算是體型高大，因此有能力吹長號伸縮喇叭。小學樂隊需要一名長號手，別人都不夠高大，因此指定他擔任。樂隊的需求很合理。不幸的是，恰克一點都不想吹長號。他很快就放棄了，樂隊也就失去了它的長號手。

當然，討論被需要的權利，也必須考量團體的目標對個人是否有意義才行。

2.參與的權利。參與權應該要制度化，而且它包含了承擔問題與風險的特殊權利。它至少有三項要素。理論上很簡單，卻是知易行難。

我們需要有**加入**的體制——領導人必須安排讓每一個人參與。

我們需要有**回應**的體制——領導人必須使人們確實參與。如果邀請人來參與，貢獻出他們的點子，在做評估時卻把他們排除在外，也不讓他們參與決策與執行，那就是犯了大錯。

我們需要採取**行動**——我們必須替我們的顧客，將我們的互動轉譯為產品與服務。

參與這個議題不能等閒視之。參與的過程可能會讓你必須付出相當的代價。而代價就是，領導者必須真心敞開胸懷，接受他人的影響。

3.盟約關係的權利。當我想到盟約關係，就會一併思考合約關係。兩者都存在。兩者都是承諾。當然，合約關係，無論訴諸文字或只是彼此了解，在商業與工業界都是很常見的。合約關係通常牽涉到法律，並且以互惠為基礎。

盟約關係會滿足深度的需求，讓工作有意義，使人感到充實。它們會改善大家的人際關係，讓人們有能力處理衝突與改變。（見「親密感」一章。）

然而，真正的盟約是有風險的，因為它們會要我們屈從於別人的天賦與才能之下，因而變得脆弱。墜入情網的時候也會有相同的風險。如果你懷疑這整個思維方式在企業生活中是否應該認真考慮，就請問問離你最近的詩人或哲學家看看吧。

4.被了解的權利。我們需要一同了解我們的**使命**。我們有權了解團體的策略與方向。

人人都有權了解自己**個人事業的發展可能**。我們都需要知道這個團體裏面有什麼機會，以及如何實現這些機會。伴隨這個權利而來的，還有藉由努力研究以及新的體驗，來拓展自身能力的權利。

我們還需要了解自己的**競爭者**。在赫曼米勒公司，我們會提供多種年度獎項給傑出的表現者。幾年前有位得獎者，他的設計與製造獨特儀器設備的技術高超，他得獎之後，決定拿一部分的獎金到處旅行，看看公司的各個分部。他在參觀我們的若干業務分處的過程中，也看到各式各樣的競爭對手。

這對他而言是個新的體驗。他真希望自己早早就知道我們競爭對手的品質，以及和我們之間的距離有多麼接近，那麼他的工作效能會更高。

我們需要了解，而且我們的**工作環境**必須有「家的感覺」——包括心理的環境與實質的環境。需要有個看得見的秩序，以及一種「在地感」（sense of place），那麼我們才會知道自己是誰，位置在哪裏。我們有權要求一個人性化的環境，而且我們有權享受美感。

我們有權了解我們的**合約**裏的各種要素，包括薪資、工作狀況、共有的福利、獎勵機會、期待、以及正常的限制。

領導人要想清楚了解這些，就必須去釐清每一個團體成員的職責。這種種有關「了解」的權利要素，會讓領導人有義務去溝通，去教育，去評鑑。

5.影響自身命運的權利。在工作過程當中，要談個人尊嚴，最重要的就是了解有哪些機會可以影響自己的未來。績效評鑑、升遷與調職，都應該要有本人的參與。

6.負責的權利。要勇於負責，我們就需要有機會為團體的目標做出貢獻。我們需要機會，以便共同承擔團體的問題，以及它與生俱來的風險。我們需要根據過去雙方的了解，以及大家接受的績效評鑑標準，讓我們的貢獻獲得評量，這個動作需要在一個成人對成人的關係上進行。

勇於負責的核心是關懷。可惜的是，在企業界的許多地方，「關懷」竟是一種創舉。

7.上訴的權利。我們需要在我們的團體裏，構築一種不具威脅性的上訴管道。它的目的是，保證不會有任意妄為的領導階層，不會讓人威脅到任何我們上述討論到的人的權利。領導人有個非常重要的職責，即努力提供這些權利給那些我們所帶的人。

8.全力投入的權利。何謂全力投入的權利？最近我在波士頓和一群人談話，他們的公司被一家大公司併購了。最近，他們的母公司又遭到另一家更大的公司併購。我問其中一人，這個過程如何影響到他的生活。他說：「它讓我不敢下注。我再也無法全力投入。我再也不知道自己是誰。」

任何一個員工要想全力投入，就必須有能力以肯定的答案回答如下問題：這是個可以讓我全力發揮的地方嗎？如果領導人所領導的手下覺得阻礙重重，又能如何期待他們全力投入？而且相信我，不思不想的領導人是會製造許多障礙的。

在今日企業，會抑制全力投入權的最主要因素，是當追隨者認為領導階層不理性的時候。**領導階層有個重要的職責，就是有義務要保持理性**。

這些都是工作的基本信條。如果我們想要接住某人的快速球，就得有個手套才行。工作中的種種權利就猶如棒球手套。沒有了手套，即使有個像柯法斯的搭檔強尼・洛斯布羅（Johnny Roseboro）那麼好的捕手，還是可能掉球的。

第5章

流動式領導

那些確實地做出快速有效反應的人，
是流動式領導人。在許多公司裏，
天天都有流動式領導人在不同的程度上採取主控權。

那是復活節的禮拜日早晨，教會裏人頭鑽動。讚美詩就要開唱了。三位牧師、資深唱詩班、兩個兒童唱詩班都在教會後方就定位——幾個禮拜以來的籌畫與準備，終於到了展現成果的時刻。

正當風琴師敲動琴弦，有個坐在教會中央的中年人突然開始汗如雨下，臉色慘白，想要起身，卻停止了呼吸，軟倒在他女兒身上。

這些牧師、風琴師與合唱團怎麼做呢？他們什麼都沒做。

但是不到三秒鐘時間，有個擔任過救護技術員的年輕人跑過來。他快速純熟地打開患者的呼吸道，讓他恢復呼吸。幾分鐘之後，他肯定患者的情況已經穩定下來，於是他做了一個手勢，六個人小心抬起患者，將他抬到教會後方，讓他躺在地上，等待救護車來，有人立即打了電話，救護車已在途中。

那人躺在靠近兒童唱詩班的地板上等待之際，另有兩名兒童也發生暈厥。教友中有兩名醫生立刻來到現場。其中一位幫忙那個年輕人照顧中年患者；另一位則立即看護兩名兒童。

這時候有名男子探頭進圍觀的人群說：「你們需要氧氣嗎？」醫生說：「需

要。」他立刻把氧氣筒交給了醫生，因為他預期會有這個需求，於是去找來了氧氣筒。

這一切進行的同時，有人默默通知了那人的妻子（她是資深唱詩班的一員，並不知道發生了什麼事——只知道禮拜受了點耽擱），並帶她來到丈夫身邊。其他人則是要兒童唱詩班安靜下來，安撫他們說那人沒事，他們應該要鎮定下來準備禮拜。救護車來了，技術人員將那人抬上車，直奔醫院。

你可以想像，一場柔和但低氣壓的禮拜就此開始。在禮拜結束之後，牧師終於能夠宣布那人是嚴重過敏反應；他的情況已經穩定下來；預後甚佳。

這個故事的重點，是想告訴你，這個教會雖有超過三十名指派與選舉而來的專業人員、委員會成員、董事會成員及其他人，但這個階層組織（hierarchy）並未快速或有決斷地做出反應。階層組織很難允許「屬下」破壞慣例，成為領導人。那些**確實**做出快速有效反應的人，是流動式領導人（roving leaders）。流動式領導人是我們生命中不可或缺的人，當我們需要的時候，他們就在那裏。在許多公司裏，天天都有流動式領導人在不同的程度上採取主控權。

流動式領導並不只是簡單的直覺反應，而是參與式領導的日常表達的體現。參與是機會，也是責任，它讓你在工作上有發言權，讓你在組織內的管理階層的資源之外，能夠根據自己的能力與處理問題的意願，而產生影響力。沒有一個人是所有事物的「專家」。

在許多組織裏，都有兩種領導人——階層組織的領導人與流動式領導人。在某些特殊情況下，階層組織領導人必須找出流動式領導人，以便支持或追隨他們，並展現風度，讓流動式領導人能夠出面領導。

要讓別人取代自己的領導地位並不是容易的事。要做到這點，需要有開闊的胸襟，還要有能力認清對組織最好的是什麼，以及針對某一議題的最佳反應為何。流動式領導是階層組織領導人表現這方面能力的時刻，允許別人共同承擔問題——實際上，就是主導一個狀況。

實行流動式領導時，它對我們每一個人都會有所要求——無論你是階層組織領導人、流動式領導人、或是一個良好的追隨者。這是一個艱難的過程。它要求我們互相鼓勵，讓彼此發揮能力。

要實行流動式領導，會需要彼此間的高度互信，並清楚了解我們是如何地相互依存。領導工作絕對不能大意——我們會分享權力，卻不是將它拱手讓人。我們必須能信賴另一個人的特殊能力。當我們想到自己共事的人、依靠的人，就會發現，失去這每一個個人，我們做為一個團體就無法走得長遠。完全靠自己，就會受到嚴重的限制。一同努力，我們將會成就非凡。

流動式領導還需要紀律。有趣的是，在一個像我們公司這樣的組織裏，我們都還是需要很多自由，我們沒有辦法凡事申請許可。紀律就是工作的必備條件。

最主要的問題並不是我們能否達成某一特定目標。生命並不只是為了達成目標而已。身為一個個人與團體，我們需要發揮自己的潛力。別的都是其次。我們必須隨時隨地朝著發揮潛力而努力。

我們的心境，我們敞開的胸懷，我們能力的品質，我們經驗的忠誠——這一切都會讓我們的職場經驗產生生命力，也會讓我們的生命產生意義。這些才能造就流動式領導人。只要能夠自由開放地實施流動式領導，它就可以成為一個使我們發揮潛力的工具。

第6章

親密感

當你和工作之間有親密感，
你就會了解，
當你在訓練人們從事一項工作時，
你不只是要教他們工作上的技巧，
還要教他們其中的藝術。

親密感存在於我們能力的核心。親密感和了解、相信、實踐有關。它也和我們的工作習習相關。

人人都知道，領導者缺席，就開不了好餐廳。我認識一個年輕人，有天他去一家他時常光顧的餐廳午餐。餐廳裏忙得不可開交。他設法拿到菜單，但是女服務生還來不及為他點菜，他的午餐時間已經蒸發了。他真心認為餐廳老闆應該要知道這件事，於是他很友善地跟收銀員提醒了一下，便回頭上班去了。那天晚上，這位餐廳老闆未曾事先告知，便來到年輕人的家，帶來了晚餐——足夠讓他飽餐兩頓。

這種與自己工作的親密感會直接帶來扎實的能力。在生產線上擔任一個稱職的部門主管，和你主持一個相關的研討會，有根本上的不同。

同樣的，戰爭遊戲也不等同於戰場。曾經身歷其境的人，才能了解那種高張的真實與不真實感，以及恐懼與危險與死亡的惡臭。唯有心跳加速的戰場經驗才能帶來那種親密感。

有過真正使用機器設備的經驗，或甚至動手做它們的人，就會知道，它們都有自己的個性。當你和工作之間有親密感，你就會了解，當你在訓練人們從事一項工作時，你不只是要教他們工作上的技巧，還要教他們其中的藝術。而它的藝術，總是與操作者及機器的個性有關。親密感就是一種做主（ownership）的經驗。它往往來自困難或質疑或憤怒的時刻，或甚至來自劫後餘生的經驗。

信念也與親密感有關。信念先於政策或標準或執行。缺乏信念的執行是悲慘的人生。沒有信念，只知道用規定的方法行事的經理人，他們是現代宦官。他們沒辦法發揮能力或自信。他們始終得不到真正的親密感。

在功能與技術上，我們也都關切親密感的問題。我們在策畫公司的組織架構時，就必須考慮親密感，它畢竟是幫助我們共事的路線圖。親密感和我們有密切的關係，無論在個人、專業與組織上皆然。

我們和工作的親密關係會直接影響到我們勇於負責的能力，也會在工作過程中，讓個人的表現貨真價實。親密感的主要元素就是熱情。

不要以為你可以輕易達到親密的程度，或是靠一個公式就能做到。親密感也不容易保持，它是有敵人的。在我們的團體活動中，親密感會遭到一些因素的背叛，如權謀、短期評量、傲慢、敷衍、以及自我取向而非團體利益取向。

有一種敷衍態度是親密感的敵人。當你仔細思考，為什麼有些人很有能力，教育程度又高，精力充沛，又擁有豐富的資源，結果竟然失敗了，追究起來的罪魁禍首往往是他們敷衍的態度。他們在工作上從來不肯認真負責。

當我們的領導人無法專注地讓一切順利延續，提供我們前進的動力，也就背叛了親密感。當你應該簡潔的地方，卻做得無比複雜，也背叛了親密感。領導人如果只會阻撓人們，而無法使他們自己增強能力，也是背叛了親密感。

親密感也有護衛者。

查爾斯．克勞（Charles Kuralt）有一則報導令我很受啟發，那是關於一個很有天分的中學體操選手從腰部以下癱瘓的故事。這個少年運動員的表現優異，而且看著他的成就，以及後來的他，會令人覺得很有意思。他有一句話適用於我們每一個人：「我不是跟著我的輪椅。而是輪椅跟著我。」

工作就是這樣。**我們並非跟著公司——而是公司跟著我們，因為如果不是人**

的推動，沒有一家公司或組織能成就什麼。己所不欲，勿施於公司。當我們用這種關係來看待工作還有自己，就會與工作培養出真正的親密感，這種親密感會為工作和我們的組織增添價值。

當我們在混沌不明之中尋找慰藉，就會找到親密感。我們並不會因為了解一切答案而成長，而是因為我們能與問題共處並試著解決它。

將個人與企業的價值轉譯為日常的運作模式，尋找知識與智慧與正義，親密感就會產生。最重要的，親密感來自於穩固的關係，它也會產生穩固關係。我們可以用親密感來形容我們都想從工作中獲得的東西。

過去查爾斯·伊姆斯很喜歡談論「好東西」（good goods）。他指的是好的材質、好的解決方案、好的產品。這幫助我了解，領導藝術之中的「好東西」，就是我們關係中的神聖本質。親密感就是我們應該在工作上建立的關係的一部分。

廣泛的說，業界有兩種類型的關係。第一個，也是最容易了解的，是**合約關係**。合約關係包含共事中的種種交換條件。我在前面提過這種關係。但我們還需要更多，尤其今日大多數工作者基本上都是自願工作者。

在共事的藝術當中，有三項主要元素，即如何處理改變、如何處理衝突、以及如何發揮潛力。在不可避免的衝突與改變之下，法律上的合約幾乎總是會瓦解。合約和發揮我們的潛力是完全無關的。

索忍尼辛（Alexander Solzhenitsyn）在面對哈佛學院一九七八年的畢業生演講時，如此談到合法的關係：「只依靠法律條文存在而無法向上提升的社會，就無法運用到人類的全部潛能。法律條文太過冰冷正式，對社會缺乏有益的影響。每當生命的組織被編進法律關係，就會製造精神上的平庸，人們最高貴的直覺都將會癱瘓。」他稍後又說：「問題發展到某個程度之後，法律的思維會引致癱瘓；它使你無法看清事件的大小與意義。」（《分裂的世界》—— *A World Split Apart*, New York: Harper & Row, 1978, pp. 17-19, 39）。

另一方面，**盟約關係**（covenantal relationship）則會帶來自由，而非癱瘓。盟約關係依靠的是共同的全力投入，對構想、問題、價值、目標與管理流程的全力投入。盟約關係也是關於愛、溫暖、人際化學作用（personal chemistry）這些字眼的。盟約關係是會受到影響的。它們會滿足人們的需求，讓工作產生意義，令人感到充實。盟約關係會反映團結與恩典與均衡。他們是關係中神聖本質的表現。

盟約關係讓企業能夠歡迎不尋常的人與不尋常的點子。盟約關係能夠容忍風險，原諒錯誤。我很確信，今日環境中的最佳管理流程，是奠基於盟約關係的參與式管理。想當個好領導人，先要在公司內高品質的關係中尋找「好東西」。

我們應如何開始建立及培養親密感？好，有個方法是開始提出問題，尋找答案。公司如何和它的歷史產生關聯？它做的是哪一種行業？公司裏有哪些人，他們彼此之間的關係如何？公司如何處理變化與衝突？或許，最重要的是，他們未來的願景是什麼？他們要往哪裏走？他們想成為什麼樣的人？

領導人必須思考這些問題。如果我們想和自己的工作發展出親密感，領導的行為與藝術都會要求你這麼做。

時常有人問我：「你個人希望公司的目標是什麼？」你如果喜愛爵士樂，就會想到路易・阿姆斯壯（Louis Armstrong）。你如果熱愛棒球，就會想到山帝・柯法斯。你如果喜歡現代雕塑藝術，就會想到亞歷山大・考德爾（Alexander Calder）。

談到法國的印象派，我們會想到雷諾瓦（Renoir）。這些人都是才華洋溢，受過一流的訓練與紀律，他們對我們而言都很特別，因為他們是天賜的精神禮物。

我希望的赫曼米勒公司，是每當公司內外的人看著我們大家，不會認為我們是一個企業，而是在盟約關係之下，一群親密共事的人，他們會說：「這些人真是天賜的精神禮物。」

第7章 資本主義的未來？

在資本主義制度最初開始的兩百年，有個問題是，它是個排他性的制度——它主要是依照合約關係建立的，並且不論在過程中或依據貢獻分配成果時，將太多人排除在外。

有誰當兵自備糧餉呢？有誰栽葡萄園不吃園裏的果子呢？
有誰牧養牛羊不吃牛羊的奶呢？……
就如摩西的律法記著說：「牛在場上踹穀的時候，不可籠住他的嘴。」
難道神所掛念的是牛嗎？

——哥林多前書，第九章第七至九節

要想了解資本主義制度與它的未來，我們該想到什麼？我們應該要從一個關於人的概念開始。

首先，身為基督徒，我相信每一個人都是以神的形象造成的。我們有些人從我們所領導的人身上得到領導權為禮物，對這些人而言，這個信仰的意涵是很深刻的。

其次，神給了人們各種各樣的天賦。了解我們的天賦的多樣化，就讓我們能夠走上重要的一步，就是相信彼此。單單是認清我們企業生活中的多樣面貌，就可以幫助我們將人們各式各樣的天賦串連起來。

第三，我相信神為了一些我們或許並不了解的理由，給了我們各色人種——領導人必須為這許多人種負責。

在資本主義制度之內的這種人的概念，對每一個人都有著重要的意涵——無論你是不是基督徒。這些意涵最主要存在於我們人際關係的品質之中。人際關係是資本主義的核心，它包含了合約關係與比較深入而能讓人產生能力的盟約關係——也就是前文中所談的兩種關係。

在資本主義制度最初開始的兩百年，有個問題是，它是個排他性的制度（exclusive system）——它主要是依照合約關係建立的，並且不論在過程中或依據貢獻分配成果時，將太多人排除在外。這裏的問題並不只是金錢上的報酬而已：大多數人從來沒有機會有意義地參與這個制度的運作。

我不知道還有沒有更好的制度，但是如果能夠納入包容的觀點，資本主義制度還可以更好，無論就實務或理論而言。目標並非只是要改善成果，雖然成果也很重要。目標是要體現個人的概念，因為一個兼容並蓄的制度必須要有實質的人的概念做為基礎。如果我們相信每一個人對團體都會有所貢獻，就必須盡量接納許多人。如果我們相信人的多樣化自有它內在真實的價值，那麼包容人們的做法，就是我們唯一的路。

資本主義做為一個排他性的制度很可能無法長存。在今日的社會結構裏，我們面對相當大的壓力，尤其是廣告商讓我們相信，只要能夠獨占，拼了命也要爭取到。在這一切的背後隱藏著一種心態：只為自己！自己好就好！當你靜靜思考這一切，會發現這些態度事實上不就是自私自利嗎！排他性會衍生出自私的心態。

當神說我們是依他的形象所造，祂在這個概念上並未置入其他的資格條件。因此我們會受到驅策，想看見我們的多樣化是否得宜，以及我們相互依存的雙向本質與相互依存的美。因此我們否決排他性。我們渴望包容。

我們該如何將資本主義制度變成一個包容性的制度呢？有幾個方法。首先，要肯定基督教與人道主義者的人的觀念。我們每一個人都是被需要的。我們每一個人都有與生俱來的天賦。我們每一個人都是社會化的存在，我們的組織都是社會的一個單位。我們每一個人都有深刻的欲望，想要有所貢獻。

包容性的制度會要求我們都成為其中的一分子。我們都是相互依存的，自己一個人無法具有生產力。相互依存就需要大量的溝通。大量溝通與排他性的制度是相互牴觸的。

你可以用三種方式來定義這個包容性取向。首先，當你被包容時總是有跡可循：

- 被需要
- 被納入
- 被當成一個人，受到關懷
- 公平的薪資與福利
- 有機會發展到極致（唯有願意冒險的領導人能賦予這個機會）
- 有機會了解
- 是行動的一部分——生產所得、利潤分享、老闆賞識、年資紅利其次，包容取向會讓我想到，這家企業或商店或組織是個能發揮潛力的地方。要把它想成是個發揮潛力的地方，可以先想想有些領導人所虧欠的東西。領導是一種負債狀態。有包容態度的領導人會覺得自己有所虧欠，至少虧欠了以下項目：

- 空間：我可以成就的天賦
- 服事的機會
- 迎接挑戰的天賦：我們必須接受測試，否則不會成長
- 產生意義的天賦：不多餘，但有價值；不膚淺，而是個整體；不任人擺布，是永恆的存在

這是一些有關領導與包容的觀點。我想我支持的觀點是什麼，應該已經很明顯了。

在一次為企業總裁召開的美國管理協會（American Management Association）

研究會上，有個應邀的演說者很嚴肅地說：「我希望我的人馬是張牙舞爪地渴求權力的。」他還給了我們他的黃金法則（Golden Rule）的版本——「擁有黃金的人制定法則」。

另一方面，不久之前我參與一個董事會議，當時任教於威斯康辛大學的工業設計師比爾·史唐普提出如下問題：

- 企業應該比人生重要嗎？
- 藝術家在企業裏是否有一席之地？
- 期望與實際表現之間的關係為何？
- 能保證企業生存的是什麼？

最後，這是了解與定義包容取向的第三種方法。包容性資本主義會要求每一個人都有所付出。人們必須積極回應包容。要有歸屬感，自然得付出代價。

- 忠實重於成功。如果我們的外表看來很成功，卻無法忠於自己的信仰，那麼我們想要掌握自己內在的努力就失敗了。
- 企業可以，也應該要有救贖的目的。我們需要從清明的道德角度去衡量實際的一切。我們必須了解，發揮潛力重於達成目標。
- 我們在彼此之前必須變得脆弱。我們必須讓彼此都有發揮潛力的機會。
- 歸屬感要求我們要有冒險的意願與心理準備。冒險就像改變一樣；你沒得選擇。
- 歸屬感要求你有親密感。做為內部的人就不能旁觀。必須有所貢獻。它代表你必須完全切身地負起責任。它代表你再也不能敷衍了事。
- 最後，我們需要一同學習。在我們大多數人的一生，穩定的轉變過程都在持續進行。我們必須變得成熟、放開胸襟、具有敏銳度。

當人們做到這些，承擔起這些代價，那麼被需要、被包容與參與的機會，就會變成他們的權利。

要維持這些權利，唯一的方法就是有建設性地、聰明地、合作地、並有生產力地去運用它們。真正的包容別人，就意味著幫助他們了解。意味著讓別人有機會做到最好。正義會要求並開啟公平性，而由於我們的天賦有千萬種，因此被包容就是達到公平的根本。

如果一個人接受以人的概念為前提，如果接受盟約關係的想法，如果想在資本主義制度之中採取包容做法，這行得通嗎？在資本主義制度裏，必須滿足某些績效標準，維持住財務比率，必須提供服務，取得利潤，保證未來，工作安定。

這個方法行得通嗎？我也不能肯定，但是確實有些令人感到鼓舞的徵兆，或許還有些先期的成果。當然也有些真正的困難。這個管理方法並不容易。它要求很高，有時候也會令人感到氣餒，因為我們到底都是凡人。包容就意味著也會將一般的人的問題也包含進來。

我當然明白，今日訓練有素的經理人越來越世故深沉。他們是資本主義制度的一個要角。他們的量化能力令人欽佩。但我有時不禁想著，他們看重精神層面的頻率有多高？他們是否也檢視明天重要的層面，而不只是專注於今日的營運問題？

我們很容易只是在程序上將人們包含在內，例如在委員會、午餐時，或甚至讓人們分享利潤，就像寫合約一樣容易，雖然這些都不可或缺，也是人之所欲。但比較困難，而且要困難得多的，是要致力於企業中的人的概念、人類天賦的多樣化、盟約關係、充分的溝通、將每一個人包含在內、相信領導是一種負債的狀態。

我們致力於此，但我們應該期望，我們雖然努力想要進入資本主義的大門，也不要像一位老以色列人所說的，她的話被引用於《國家地理雜誌》（*National Geographic*, 168, no. 1 [July 1985]: pp. 4–5）。她對錫安的年輕人說：「他們打開了世界的門，卻永遠關閉了天堂。」

第8章

巨人的故事

巨人會給別人空間做為禮物。
巨人會接快速球。
巨人都有特殊的天賦。
巨人會讓別人能夠表現出自己的天賦。

何謂巨人？好，巨人可能代表很多東西。如你我之流都有可能成為巨人。**巨人看見機會，別人只看見困難**。赫曼米勒公司的歷史上，有個巨人名為吉姆．愛朋格（Jim Eppinger）。在三〇與四〇年代，吉姆是公司的業務經理，尤其那時候我們從原先製造一些品質良好的傳統家具，轉而學習銷售羅德、尼爾森與伊姆斯的創新設計品。那是一段艱辛的轉變期，確實困難到只有少數人能夠了解。

有一回我跟我的父親和吉姆．愛朋格共進午餐——他們兩個是親密的戰友，帶領公司熬過了經濟大蕭條。他們閒聊著，帶著幽默感與一點思古幽情，談著早年的困難，尤其是大蕭條的時代。

我的父親喚起吉姆的一段記憶。有一次的聖誕節，他們一起到吉姆位於新澤西州的家裏，父親發覺吉姆的家裏沒有聖誕樹，也沒有任何禮物。他知道那是因為公司不夠錢支付已經到期的業務佣金。

父親提到，吉姆也許不記得了，但是對父親而言，那一幕至今依然歷歷在目，因為他覺得吉姆家沒有個像樣的聖誕節，那都是他的錯。但是吉姆說：「那天晚上我記得很清楚，就像昨天一樣，因為對瑪琍安和我來說，那是我們一生中的一個高點。」我爸爸很意外地說：「那怎麼可能？」吉姆說：「你不記得了嗎？就是在那天晚上，你開始要我負責紐約這一大區。那是我得到過的最大的一個機會。」

巨人會給別人空間做為禮物，空間指的是個人與企業的空間，一個成就自己的空間。我最喜愛的一個巨人是喬治．尼爾森。在一九四〇年代晚期，赫曼米勒引進了喬治所設計的精美而且至今依然不退流行的家居線家具。正當這些設計品準備進軍市場的那幾個星期，在現代美術館（Museum of Modern Art）另一位巨人登場了：那就是查爾斯．伊姆斯。

喬治費盡唇舌，才說服了我父親和吉姆．愛朋格簽下查爾斯，把查爾斯的設計納入公司的計畫當中。我的父親跟喬治這麼說：「我們才剛準備好把你的第一批產品引進市場。我們又不是很大的公司，也沒辦法付出很多權利金。你真的願意和另一名設計師分享這個小小的機會嗎？」喬治的回答是：「查爾斯．伊姆斯是個難得一見的天才。他跟我很不同。公司需要我們兩個人。我很希望查爾斯．

伊姆斯能和我共享這邊所有的機會。」

接下來幾年，查爾斯・伊姆斯變成公認的，自從齊本德爾（Chippendale）之後最偉大的家具設計師。

巨人會接快速球。赫曼米勒公司還有個巨人名為派普・耐吉克爾克（Pep Nagelkirk），他也許是我所知最有才華的模型製造師（model maker）。他在赫曼米勒服務了三十五年。他在將構想與草圖轉譯為原型（prototype）方面，具有特殊的才能。在我們推動的每一個新設計計畫中，他都是不可或缺的一環。他是個快速球的捕手。

對一個投手來說，一個快速球也許就夠了，但是對一個球隊來說，卻是遠遠不足。人們和企業都會盡可能隨時拋出好點子。沒有像派普・耐吉克爾克這樣的巨人捕手，那些點子很可能終究會消失無蹤。在赫曼米勒公司，我們擁有數百名像派普・耐吉克爾克這樣的巨人捕手。沒有巨人捕手，就不可能有巨人投手。

巨人都有特殊的天賦。我們有另一位巨人名為豪爾・瑞達（Howard Redder），他是一位部門主管，不久之前退休了。豪爾連中學都沒上過。他成年之後，在我們工廠裏做了一輩子，一階一階往上爬，直到成為我們最傑出的一位部門主管。但是除此之外，豪爾還有個特殊才能。

對公司裏的所有傷殘員工而言，他是最能體恤他們，也最能有效激勵他們的人。這點非常重要，因為做為一個公司，我們堅信全公司的人員，必須能夠反映全國人口的多樣化。而豪爾的特殊能力，就是賦予一個傷殘人士足夠的空間與支持與鼓勵，讓他們能夠有足夠的生產力，將他們和我們所有的人一樣包容在內，因此他成了另一種巨人。

巨人會讓別人能夠表現出自己的天賦。我想談的另一位巨人是我的父親。在經濟大蕭條的年代，他和少數幾個人共同面對公司日復一日的生存問題，當時他就有能力接納像吉伯特・羅德（Gilbert Rhode），以及後來的喬治・尼爾森、查爾斯・伊姆斯、以及亞歷山大・吉拉德（Alexander Girard）這樣的人，當時他對設計、設計師或設計過程都幾乎一無所知。但是他有獨到的眼光，可以看見他們的不同才能，這使得他能夠放下個人與公司的身段，讓他們盡情揮灑。

從這些巨人的故事裏，我們至少可以學習到兩件跟企業經營有關的事。第一是，生產力固然重要，讓巨人擁有施展身手的空間更重要。第二，讓巨人有發揮的空間，讓他們和其他人都有機會實行前面討論過的「流動式領導」。這兩件事有時會讓階層組織領導者感到很痛苦。但是如果你想要讓企業真的能夠發揮效能，就要幫助企業敞開心胸，接納每一個階層的巨人們。

第9章

部落說書

每一個家庭，
每一所學校，
每一家企業，
每一個組織都需要部落說書者，
否則將失去自己的歷史、傳承、
以及屬於自己的價值。

卡爾・弗洛斯特（Carl Frost）博士是我們公司的顧問，也是我的好友，他曾說過一個故事，那是在六〇年代晚期，他在奈及利亞的親身體驗。

那時候，他和家人所居住的村莊剛剛接通電力。每個家庭在自己的茅屋裏都有一盞燈，那是進步的實質象徵。問題是到了晚上，他們雖然沒有東西可以閱讀，許多人也不識字，但人們都坐在自己的茅屋裏，以崇拜的眼神望著這個科技的美妙象徵。

過去大家習慣聚集在營火旁邊，聽著部落說書者，也就是部落長老傳述部落的歷史，而今這樣「對著燈泡乾瞪眼」的活動，開始取代了部落說書的習慣。區區幾盞小燈泡的影響，部落的歷史逐漸隱沒了。

這則故事告訴我們，科學管理與部落領導之間的不同。每一個家庭，每一所學校，每一家企業，每一個組織都需要部落說書者，否則將失去自己的歷史、傳承、以及屬於自己的價值。就像那個奈及利亞部落，失去了風俗習慣帶來的延續性，任何一個團體的人都會開始忘記自己是誰。

赫曼米勒的種種價值就是我所謂的延續性的一個例子。赫曼米勒就是這麼一群令人刮目相看的人，大家一起工作，而且經常一同戰鬥，次數多到我們都不願承認。這使得我們成為一家首屈一指的公司。我們的種種價值是出自於我們的歷史與我們的習慣。這些價值都是堅實的例子，表現一家充滿生命力的公司如何走過部落說書的日子。或許你和你的公司也跟我們有相同的價值。

我們是個研發導向的公司。我們不是一個市場導向的公司。這意味著我們的意圖是，藉由誠實檢視我們的環境與我們的工作與問題，利用解決問題的設計與研發，設法滿足我們的使用者尚未被滿足的需求。因此，我們全心投入於設計優良的產品與制度。

我們盡全力將那樣的設計延伸到工作環境，尤其是我們用來服務顧客與我們自己的建築與設備。我們致力於應用同樣的設計標準到我們所有的通訊與圖像上。我們致力於好的設計，甚至包括情境的設計，尤其是那些攸關我們彼此關係品質的情境與事件。

我們設法對社會做出貢獻。我們希望透過公司所提供的產品與服務，以及我們的供應方式做出貢獻。在這高科技時代，我們希望成為一個「高感度」（high-touch）的公司，在我們選擇服務的市場上，在人與科技之間做環保的考量。我們設法對社會負責，並且回應社會的要求。

湯姆・普雷特（Tom Pratt）是我在赫曼米勒公司的工作團隊的一員，也是我的朋友，他有一回曾說：「生活與工作都充滿內涵，因此，值得用心關注與支持。」

我們專注品質。如我的父親所說，品質就是一種真理。當我們談到品質，我們談的就是產品與服務的品質。但我們還談到我們的關係的品質，以及我們的溝通的品質，以及我們對彼此的承諾的品質。因此，從真理與正直的角度去考慮品質是合理的。

在我的字典裏，正直（integrity）的定義是和尊重（honor）有很大關係的。在諸多選擇當中，有一個解釋是：「對個人義務有良好的知覺。」我相信，這點就是我們看待品質的方式。

對所有參與的人來說，我們必須成為一個能發揮潛力的地方。這是赫曼米勒的價值之一。任何組織都代表所有構成此一組織的人，因此需要提供良好的教育與訓練。在赫曼米勒公司，我們每一個人在參與的過程中，都有權得到真正的機會。

我們每一個人，尤其是那些有領導責任的人，都必須努力給別人「空間的禮物」——也就是我們在企業環境中能夠施展的空間。

我們每一個人都有權得到這個空間的禮物，無論我們的膚色、信仰、性別或才幹與位階。我們的目標是成為一個可以發揮潛力的地方，赫曼米勒的人必須反映上帝所創造的多樣化，而非反映我們的選擇。

我們致力於自動自發地盡己所能，讓資本主義成為一個在關係上充滿包容性的制度，而不是一個充滿阻礙的排他性架構。

我們致力於負責任地使用我們的環境與有限的資源。我們透過我們對周遭一切的關注，竭盡心力達成良好的績效，這一切包括人才與資源、工具與治具、構想與設計、設備與環境。它們全都結合起來，為員工老闆（employee owners）、顧客、投資者、社會大眾、我們生活與工作於其中的社區，提供一個合理的資產成果。

我們自願貢獻我們的精力與人才，以及我們的財務資源給那些以公共利益為目的的機關與組織。我們無法自外於社會的需要，獨自過活。

我們的未來必須財務不虞匱乏。利潤就跟呼吸一樣，是不可或缺的。它不是我們生活的唯一目標，但是如果有機會，利潤就必須是我們的貢獻的結果。

我們在赫曼米勒的人都肯定，心與靈的問題對我們每一個人都很重要。它們對我們的家庭、工作與休閒活動都很重要。我們都是感情的動物，試著使用產品與知識與資訊與關係為媒介，對彼此造成良好的影響，並且盡我們的力量改善環境。

在困難、破碎又複雜的世界裏，在失敗與成功的問題之間，尤其是在我們個人生活的悲喜之中，我們彼此接觸。這種「接觸」會觸及我們的真實自我。

在今日真實自我的內心深處，有個挑戰在等著我們。那不是個外在的謎——我們能成為什麼樣的人的問題就在我們內心，因為我們無論做什麼，都會表現出一種特性，而我們就是公司，我們的特性就是公司的特性。

我們都致力於史坎隆（Joseph Scanlon）的構想，這是個實行參與式管理的計畫，包括生產力與利潤的共享，全美有不少公司採用。有些人地相宜的根本原因，讓這種參與式管理在赫曼米勒特別能夠發揚光大。

它讓人們得以表現各種不同的天賦，並強調創意過程的品質。它有助於產生點子，解決問題，以掌握改變與衝突。我們在這種管理方式之下已經運作了三十五年，它至今依然是個構想，一個充滿巨大能量的構想。它是一種持續不斷的追尋，尋找可以讓人和團體發揮潛力的東西是什麼，以及可以是什麼。

在赫曼米勒這樣的團體裏，我們實現了個人與企業的多樣化。當我們想到企業的多樣化，我們想到的是每一個人帶到公司來的天賦與才能與承諾。只要有正確的管道，妥善的整合，我們的多樣化就可以成為我們驚人的力量。但總是有些誘惑，讓我們想要用這些天賦來爭取個人的好處，而不是為了團體的最大利益將它們奉獻出來。如果是為了自私的用途，它們就會嚴重地腐蝕內心。整合的過程應該要放下身段，承認別人的長處，虛心接納別人可以做得比我們好的地方。

人人平等的觀念並不因為企業的組織階層而有所不同。我們了解，企業之所以是個存在的實體，只因為它是我們每一個個人表現出來的整體面貌。我們知道，是因為我們每一個人的靈魂與精神、天賦、心與尊嚴結合起來，而給了企業這些同樣的質地。我們這些將生命投資在赫曼米勒的人，並不是企業磨坊裏的一粒穀物，也不是那些遠方如謎一般的股票投資人聘請來的大人物。我們就是赫曼米勒公司，正如大學裏的教職員就是大學本身。我們如果不是什麼，企業就不可能是什麼。

我們這些在赫曼米勒的人是極多樣化的一群人，我們大多共享同樣的這一套價值觀。這個價值體系的根基是來自於我們這些幾乎完全不一樣的人，但我們針對它的談話與表現卻是極為一致的。

共有的理想、共有的點子、共有的目標、共有的尊重、一點正直、一點品質、一點擁護、一點關懷——這一切都是赫曼米勒的盟約與價值的基礎。我們的價值體系或許不同於一般價值觀，但它必須清楚明白。這個體系和它周邊的盟約，使得我們的共事方式有機會成為精神上的禮物，即使這個共事方式談不上完美。

我們努力維持這些價值。然而一個信仰體系總是畏懼改變，而改變又是無可避免的。成功的企業容易變成集團。成功的集團容易變成組織。組織會養出官僚體系，而這是所有關係中最膚淺而愚蠢的地方。官僚作風會扼殺我們的天賦與能力。部落說書者，也就是部落的長老，他們必須不斷努力，讓企業持續更新（renewal）。他們必須保留部落的價值，並使它們恢復生機。他們會細細檢視企業價值體系，根絕官僚，維繫個人。不斷地更新也會讓我們有所準備，以應付企業生活中不可避免的危機。

之所以更新，就是要成為一個企業生命體，讓我們有足夠的空間發揮個人的潛力，以及藉由個人的發展，而發揮企業的潛力。為別人真誠的服務，才能有更新。如果只是想要自我存續，是不可能得到更新的。更新是向外的服務取向，而非向內的維修取向。人人關切更新，但它尤其是部落說書者的職權。

每一家公司都有部落說書者。部落說書者或許不多，然而人人都要留意，不能讓一些像操作手冊與燈泡這類不重要的事物取代了他們。

第10章 誰才是老闆？

動力不是問題：
員工都是滿懷動力來上班的。
但是人需要解放、參與、負起責任、發揮潛力。
我們相信，
會有越來越多的員工老闆，
他們將對抗自己是個無名小卒的挫折感，
而贏得認同與意義。

廣泛地說，典型的美國企業裏有三種老闆。第一種是那些平時大家眼中的老闆，投資的只是金錢。第二種，由於他們在公司工作多年，將自己的生命與天賦投資在公司裏。第三種是企業最主要的貢獻者，他們投資一些特殊技術或才能或創意，而且對公司有強烈的使命感，但他們是兼職人員。

要了解一家企業，就必須透過它的老闆們的管理方式，以及他們個人的行為，去了解企業的特性。如果有人想要到這家公司來服務，無論是擔任專業顧問或是全職的員工與老闆，都必須了解老闆們的態度。

我們當老闆的態度應該是什麼？老闆們注重的是短期或長期的表現？規模的成長或成熟？老闆致力於哪一種管理方式？他們認為工作是疾病或是機會？在談到構想與特殊人才時，他們認為自己的角色是輔助者或擁有者？在面對我們工作與生活於其中的複雜環境時，這些老闆們是用心服務人群，或是攢聚錢財？換句話說，對老闆們來說，生命中只有物質的累積嗎？

近期的一本商業雜誌上，提到一種有關老闆的觀點，有人問一家私人公司的老闆，如果他是在經營一家公開發行公司，他的策略是否會有所不同。他的回答是：「如果我知道我下一個年度的薪資是來自今年的股東權益報酬率，天哪，我的表現當然不同。在一家公開發行公司，你只有幾年的時間可以站在高點衝殺一陣。你要把每一分錢都用來賺錢，你才能荷包滿滿的退休。」

羅伯．格林里夫（Robert Greenleaf）在AT&T擔任了二十年的經理人，他的《僕人領導學》（*Servant Leadership*）是一本思想豐富的書，我們在書中看到一個令人敬佩的相反的觀點。「愛是個無法定義的字，愛的表現是細膩而沒有止境的。」它只有一個「絕對條件：無限責任！當人對另一個人的責任被限制在某一個程度，愛也就被削減到那個程度。」（*Servant Leadership*, New York: Paulist Press, 1977, p. 38）。

老闆們要為實質的資產負責，也要為他們的企業繼承人留下遺產。在赫曼米勒，老闆和企業繼承人往往是同一批人，老闆與員工也是同一批人。這在大約二十年前就發生了，當時股票賣給了一小群經理人，公司就是他們一生的事業。

美國有些公開發行公司，全職的一般員工在服務滿一年之後，就可以成為股東，這種公司不多，而我們就是其中之一。員工和股東這兩種角色會帶來責任與獎勵。

我聽過一則故事，它可以用來闡釋這個想法。我有個朋友以前在哈林區教書。他想帶這些都市裏的孩子到鄉下去露營一個星期，覺得這也許是個好主意。到達目的地之後，他做的第一件事，就是先來一場棒球賽。

一件有趣的事發生了：沒有人想當外野手。他很快就發現了原因：外野周圍都是樹林，裏頭可能很危險。因此我這位朋友在每一個外野的位置，都分派了兩個小朋友。一個拿手套；一個留意森林裏的動靜。每個人和每個任務都很重要。比賽於是能夠繼續進行。

在赫曼米勒公司，**每一個**位置都有一個老闆和一名員工。因為每一個人都會時而當員工，時而當老闆，有時則是兩者皆是，我們的員工股東們都稱許我們這個從一九五〇年就開始實施的參與式管理。在卡爾・弗洛斯特（Carl F. Frost）博士領導之下，他引進的史坎隆計畫就是很實際的員工當老闆的架構。

員工入股制度是宣示認同的基礎。動力不是問題：赫曼米勒的員工都是滿懷動力來上班的。但是人需要解放、參與、負起責任、發揮潛力。我們相信，會有越來越多的員工老闆，他們將對抗自己是個無名小卒的挫折感，而贏得認同與意義。

員工入股也代表著實實在在的競爭。沒有任何東西是人們施捨的。所有權是賺來的，必須有所付出。它的本質是利潤分享，但是如果沒有利潤，當然就無從分享。風險與報酬之間的關聯公平而合理。

這裏沒有什麼自命不凡又屈尊施捨的感覺。而是在員工共有的責任感與共享的所有權之間，有一種道德關聯。這為我們每一個人和自己的工作，以及彼此之間，帶來一種正義與永恆的感覺。

員工入股制度是使得為公司做事的人，融入這大家庭事業的極佳媒介。還有一些引人入勝的理由，足以說明員工入股制度。

它當然有些明顯的意涵。個人有風險，企業也有風險。為了有所得而努力是再好不過，但也必須有接受損失的心理準備。

最近赫曼米勒有個員工老闆，她正在艾奎納學院（Aquinas College）攻讀她的碩士學位，她告訴我，有幾位在其他公司工作的講師問她：「史坎隆計畫的底線是什麼？」我建議她，請他們留意我們那一年的年報的第一節，裏頭的許多面談都是不在我的審閱或核准之下進行、編輯與付印的。有些公司也許會認為這類風險大到不可承受，但是在良好的參與式管理過程當中，員工老闆們隨時都在承擔這種風險。而成果也往往超過所冒的風險。

另一個意涵是，每一個人都必須符合某些重要的期待。當老闆的時候，我們為自己的表現負起責任。老闆不可能捨卻憂慮，因此我們每一個人的責任心都開始滋長。

要自己做主，就需要讓自己扮演的每一個角色都能漸漸成熟。心智圓熟的最佳表現，或許就是知識的層次越來越高：對業界的認識，對參與式管理的認識，對自己做主的認識，對競爭對手的認識。這一群老闆全心奉獻同一個組織，同一個目標，同樣的價值體系，他們在許多方面都必須要有很豐富的知識。要自己做主，就必須克盡所能，得到全面性的了解。

歸根究柢，有個重點必須記住：如果維持原樣不改變，我們就無法變出我們需要成為的樣貌。在赫曼米勒，我們竭盡全力讓自己做為員工與老闆的身分都可以成長。當這兩個角色結合起來，敵對的態勢——勞工對管理階層，或供應商對製造商，或零售商對消費者——就會開始消失。員工與老闆的結合在許多地方都已經發生。

當更多員工表現得彷彿他們就是公司負責人，資本主義制度勢必會變得更為完善。

第11章

溝通！

人人都有權利與義務，
使得溝通變得簡潔而清晰。
我們需要彼此知道真相，
需要以禮相待，
縱使有時真相令人感覺受到束縛，
禮儀讓人覺得不便……

在大多數生命力旺盛的組織裏，人們都會有個共同的交集，包括互相依賴、互利、連鎖貢獻與純粹的喜悅。領導藝術中，有一點就是要注意維持並強化這個共同的交集，這件工作當然會需要良好的溝通。任何關係要維持健康，都需要有誠實而開放的溝通，同樣的，企業體內如果能夠正確而自由地分享資訊，關係就會更加改善。

要想溝通好企業或組織的共同交集與價值基礎，最好的方式就是透過行動。透過行動的溝通時時都在進行。大型組織遍布世界各地，因此除了行動之外，我們還需要其他的溝通方式，尤其是在傳達一些抽象而重要、敏感的資訊給散居各地的人們時。

何謂好的溝通？它能夠成就什麼？這是教與學的先修課程。成長中的公司自然有些溝痕產生，溝通就是人們跨越這些鴻溝、保持聯繫、建立信任、尋求協助、監控績效與分享願景的方式。溝通可以讓人們看清參與式員工入股制度的願景，使這願景成為企業內外建立關係的方式。

好的溝通並不只是傳達與接收。好的溝通也不會只是機械式的資料互換。無論溝通管道多麼暢通，如果沒有人聽，一切都是罔然。最佳溝通就會強迫你去聽。

語言是溝通的一個形式，而歸根究柢，溝通和語言表現的就是我們對社會習慣，對文化的用心。不誠實或輕率的溝通就和任何其他的事物一樣，可以讓我們更了解溝通者。溝通是一種倫理問題。好的溝通意味著對個人的尊重。

真正的困難在於，要使通暢的溝通成為方便又好用的工具。那麼你就可以想都不用想，信手捻來就能夠使用。

我的孫子有一回把自己反鎖在浴室裏。他的母親雖然費盡力氣要把門打開，卻都失敗了。她叫了警察來，還是打不開門。（在此同時，我們這個孫子一直把手伸到浴室的門底下，撫摸母親的手。看看誰懂得溝通！）最後他的母親打電話給消防隊。消防車抵達時，前院草坪真是熱鬧滾滾。消防員迅速用斧頭破門而入，他們當然知道如何使用這些工具。

我的兒子恰克到達現場時，正是最緊張的時刻，他卻始終弄不清楚是怎麼回事。沒有火也沒有煙，浴室的門和門框卻成了碎片。

第二天他到了辦公室，跟同事抱怨家裏遭到破壞。這位同事卻發覺，這則故事也許可以用來上一課管理學：「消防員有兩個工具，斧頭和水管。你如果打電話給他，就會得到其中之一。」

人人都會去使用自己熟悉信任的工具。而領導人最熟悉信任的工具，就是溝通技巧。至於我們用得好不好是另一回事，就像消防員的斧頭。高明的溝通總是伴隨著任務而來。

有些職務脫離不了良好的溝通。我們必須了解，要想把工作做好，第一步就是要找到相關的資訊。知的權利是最根本的。此外，寧可犯了共享太多資訊的錯，也不要讓別人如在五里霧中。資訊就是力量，但是把力量屯積起來是毫無意義的。要讓組織或關係運作良好，力量就必須分享。

人人都有權利與義務，使得溝通變得簡潔而清晰。我們需要彼此知道真相，需要以禮相待，縱使有時真相令人感覺受到束縛，禮儀讓人覺得不便。但是可別弄錯了——因為有了它們，溝通才能教育及解放我們。

我們必須練習仔細檢查的藝術。細查的藝術和一些事物有關，例如，尊重語言，例如，了解骯髒的語言通常代表骯髒的思維，還有，我們的聽者可能會需要我們的一些特殊訊息。細查的藝術可以讓我所謂的「三流郵件」無所遁形，因為那都是沒有意義的文件。無論在公司或在我們的家庭裏，垃圾郵件都一樣無法達成任何目的。

假如我們將良好的溝通當成工具，那麼記住這些要點，我們就有了拓展工作與生活的方法。工具會做事。溝通也會。溝通有兩種功能，它們可以用兩個「行動傾向」的詞彙來表達：教育及解放。

「教育」來自兩個拉丁字，分別代表「領導」或「帶出」。良好的溝通會帶出我們的覺察，了解共事的意義。如果不明白我們對彼此的期待是什麼，就無法從事成功的研究與發展，我們無法做決策，我們得不到訂單——我們就沒辦法**做生意**。

教與學就是商業知識與行動的基礎。商業知識就是企業行為的「為什麼」，而行動則是企業做「什麼」。

溝通還會教導我們什麼？良好的溝通會教我們認清我們的經濟實況，以及在那個經濟狀況下，我們需要有何表現。唯有透過良好的溝通，我們才能了解顧客有什麼需要與需求。

唯有透過良好的溝通，我們才能傳達及保留共同的企業願景。溝通可以讓那個願景更加清晰，使它更具體，並助其實現。我們都了解，在我們的家庭與企業生活中，如果評論、質疑、反應與意見都**缺席**，就是一個強烈的訊息。這些都只是一些例子，顯示良好的溝通可以如何教育我們。

良好的溝通會解放我們，讓我們把工作做得更好。就是這麼簡單。良好的公司內的溝通，會讓我們能夠回應旁人對我們的要求，執行我們的職責。這確實也意味著領導人可以運用溝通來解放他們所領導的人。要解放人們，溝通就必須基於邏輯、同情、以及適當的推論。

這個道理可以延伸到公司與顧客共同採用的文字與符號體系。良好透明的溝通代表人們致力於優質的工作與成就。柏拉圖說，社會將會培養出人們尊重的一切。我們不能弄錯了尊重的對象。假如人們懂得這些象徵符號，我們就可以增強彼此的能力，這確實是做得到的。

當文化或企業變得更老更複雜，溝通不可避免會變得更加繁複，也更重要。文化在擴張之際，會逐漸出現一個重要的溝通任務，也就是將價值傳遞給新的成員，並與原有的人員重新確認那些價值。

企業的價值就是它的血脈。缺乏有效的溝通，缺乏積極的執行，缺乏細查的藝術，這些價值都會消失，深埋在如海一般的瑣碎備忘錄裏，以及唐突的報告裏。

要達成有意義的工作與充實的關係，最需要下的功夫，就是學習與實踐溝通的藝術。

第12章

小便斗裏的粉紅色冰塊

一切事物都有惡化的傾向。
領導人一定要學的一件事是，
要認出即將來臨的惡化的信號……

每年的四月，在喬治亞州都會舉行奧古斯塔高爾夫球大賽（Masters Golf Tournament in Augusta），會邀請大約四十位美國國內外產業界的領袖，到該州參加為期一週的觀光行程。該行程的目的，是要吸引產業界來喬治亞州。辦個兩、三天的球賽，可以有效鼓勵人們參與這趟行程。

幾年來，這個觀光團的效果都很好。喬治亞州吸引新產業到該州的成績相當亮眼。由於赫曼米勒在洛斯威爾（Roswell）有個廠房，就在亞特蘭大的東北方，因此我們有一年應邀擔任地主產業的一員。

我們組成了一個委員會來籌畫這場活動。委員會在討論的時候，有人好心建議，要裝飾會場的話，何不在洗手間的小便斗裏放些粉紅色冰塊試試看？這個點子固然是出於好意，我卻將粉紅色冰塊當成一個信號。小便斗裏的粉紅色冰塊真的會吸引更多產業來到喬治亞嗎？

幾個月前，我參加了一場對金融界來說不過是「狗馬秀」（dog and pony show，**編按：很陽春、馬馬虎虎的表演或說明會**）的會議。那是在波士頓，我們面對一些世故深沉的財務分析師進行簡報。演說結束，在提問與回答的時段，有個分析師問我：「你個人認為最需要努力的難題是什麼？」當我回答：「阻礙熵的發展」時，他似乎一臉錯愕。

我是從比較廣義的角度使用「熵」（entropy）這個字，因為狹義來說，它是和熱力學第二定律有關的。從企業管理的觀點來看，我選擇將它定義為「一切事物都有惡化的傾向」。領導人一定要學的一件事是，要認出即將來臨的惡化的信號。

多年來我找出許多這類信號，列了一張表。你一面讀，一面要記得，大組織裏面，有許多人偏好冷漠。他們往往看不見熵的信號：

- 敷衍的傾向
- 重要人物之間的關係緊張
- 不再有時間慶祝或者舉行必要的儀式
- 逐漸覺得報酬和目標是同一件事
- 人們開始不再講部落的故事或無法了解它們

- 某些人開始不斷說服別人，說到頭來做生意是件簡單的事（你必須能夠接受業務上的複雜與模糊，並能夠有效處理它們。）
- 當人們開始對「責任」或「服務」或「信任」有不同的理解
- 當問題製造者的人數開始多過問題解決者
- 當人們錯把名人當英雄
- 領導人要的是控制，而非解放
- 當日復一日的營運壓力讓我們不再關切願景與風險（我想你知道願景與風險是絕對不可分割的。）
- 只注意商學院的枯燥法則，而非價值取向；價值取向考慮的是如貢獻、精神、卓越、美與喜樂
- 當人們談到顧客時，是覺得他們占用了自己的時間，而不將他們當成是服務的機會
- 工作手冊
- 越來越想要將歷史與個人對未來的思維數量化（或許你會很熟悉這種場景：

人們看著一個原型說：「到了XXXX年，我們的營收就會達到XXXXX元」——這是最慘的狀況，因為這樣一來，你只能設法讓這句話實現，或是讓它達不到。只能二選一。）

- 想要設定更多的評量指標
- 領導人依賴架構而不信賴人
- 失去對於判斷、經驗與智慧的自信
- 喪失優雅、風格與禮貌
- 不尊重語言

假如你和你的企業都致力於最佳表現，就必須留意小便斗裏的粉紅色冰塊。

第13章

關於績效檢討

在企業中，
當原則與實務之間密切結合
——或背道而馳——
會立刻成為矚目的焦點。
此時正是績效檢討的最佳時機……

在企業中，當原則與實務之間密切結合——或背道而馳——會立刻成為矚目的焦點。此時正是績效檢討的最佳時機，這時我們可以問問自己正在做什麼，評估自己做得如何，然後問：「接下來呢？」

績效檢討做得好的話，是重新檢視目標的好方法，它還可以將原則與實務重新校準，也可以衡量進度。每一個人都應該要這麼做。績效檢討應該要定期舉行，接受檢討的當事人也要直接參與。參與者的努力方向，以及檢討過程，都應該要以發揮人類潛能為主。

在企業與組織中，對於一些可以簡單說明的工作職掌，以及可以簡單評量的工作情況，都會有些既定的流程可以遵循。但有許多工作，尤其是必須承擔企業或組織的領導責任的工作，就不是那麼黑白分明，不太能夠簡單評量，也必須經過長時期的檢視。

從某個特別的角度來看，領導人最主要的任務是負責未來，而不是日復一日的營運。這個責任很難衡量，因此領導人的績效也很難評定。我們確實需要檢討過去的成果與過程，但是談到領導人的任務與績效，該強調的卻是未來。我們時常忽略的是，**領導人今天的表現，必須要到未來的數月或數年才能看得到它是成功或失敗。領導人的績效，有一大部分都要在事實發生之後，才能夠進行檢討。**

今天的信任，將會成就未來。我們在成長的過程裏，總有犯錯的時候，原諒這些錯誤，將來才會有能力。我們透過信任，解放彼此，讓大家在未來都能有所表現。

最近我在赫曼米勒主持一個大約十五人的討論會。我們剛引進一個「及時」（Just in Time）的庫存管理計畫。會中有位女士問我是否了解此計畫，以及是否願意投入。我的回答是我不完全懂，但會全力支持，讓它成功。這使她愣在當場。她試著用委婉的方式問我：那怎麼可能？

我問她在公司裏的工作是什麼，她說她隸屬工程部門。「那裏的情況如何？」我問。「還好，」她說。我問她，工程部門的狀況我可以放心嗎，她回答說，大致上我應該可以放心。

然後我問她，我的工作方式讓她覺得放心嗎。她說她很放心。她抓住這話頭，很快地說，我做的事，她無法每一件都了解。在眾目睽睽之下，我們兩人都很輕鬆地同意，我們沒有必要完全了解對方在做什麼，或是負什麼責任。然而，我們可以全心全意支持彼此所扮演的角色，以及彼此的成功。

與會者細細討論這個想法，我們體會到，相互了解是組織活動不可或缺的一部分，但是不可能每個人都無所不知無所不曉。這才**真正是**最根本的：我們必須相信彼此都能夠為自己承擔的任務負起責任。有了這種信任，才是美妙的解放。

就連信任都無法讓你確實知道未來會如何。但是未來的不確定性並不必然使得領導工作充滿危險。談到企業策略時，本書中有許多想法可以再深入思考，有效討論。哲學可以，也應該在實務中實踐。

有效的執行長會檢討高階經理人的績效。每一個領導人身處一個盟約關係之中，都必須檢討他們所領導的部屬的表現，而且當然，進行這項工作的方法很多。通常我會事先將一系列的要求與問題寄給我的管理團隊裏的成員。他們想帶其他的什麼東西來到檢討會上都可以。我們的協議永遠都是「毫無禁忌」。

在績效檢討之前，我對每一位高階經理人都有如下要求：

- 請準備一份簡短的檢討內容，只要一、兩頁，把你的年度計畫和你真正做到的事情互相比較，說明你的感覺如何。你在你的負責領域裏，覺得最重要的成就是什麼？
- 請準備一份一頁或不到的文字，說明你個人的管理哲學。描述你個人在未來這一年有何在職進修或自我發展計畫。
- 請提出一些可以讓我們（和大家一起）為公司的未來負起責任的方法，以及我們共同為你在公司未來的發展負起責任的方法。在我們描繪的成長畫面裏，會需要什麼樣的改變？
- 說明你對高階管理團隊的組成有何看法，或許評論工作職掌、責任、薪資、以及我們的接班人計畫是否公平。你認為我們的高階經理人的退休計畫，有哪些該反省的事項？
- 準備討論你對我們的競爭對手的看法，以及我們需要針對它的什麼地方做出什麼樣的反應。或許以下幾點可以刺激你的思考：誰在對我們虎視眈眈？競爭對手如何打擊我們？是以產品、服務、銷售能力、行銷與廣告策略、經銷通路或定價？

- 請描述你在赫曼米勒的角色，你認為你是否能夠擔任「企業說書人」，扮演積極的角色，薪傳企業文化。你認為這個企業的文化是什麼？
- 我個人可以如何花更多時間專注於一些重點，如策略、我們的價值體系、參與、持續性與建立團隊？
- 你身為赫曼米勒的主要領導人，請找出五個你認為我可以給予協助或支持的重要計畫或目標。

單純地提出問題也是績效檢討的一個重要部分。要想提出正確的問題，就得看個人修為。以下問題我會要求我的高階經理人去思考：

- 你願意和你共事的團隊分享你的管理哲學嗎？
- 可否談幾件你最期待執行長做的事，以及你最需要執行長給你的支援？
- 你想做什麼？成為什麼樣的人？你打算怎麼做？

- 你是誰？你如何看待自己？請分別從個人、專業與組織的角度來談。
- 赫曼米勒需要你嗎？
- 你需要赫曼米勒嗎？
- 你正在實現我們的史坎隆計畫的潛力嗎？如何實現的？請從哲學、功能、教育與關係管理上來談。
- 換成你是我，你會將焦點集中在哪個主要的範圍或事項？
- 你覺得公司裏有哪些重要環節是你可以做出貢獻，卻感覺得不到支持的？
- 你放棄了什麼？
- 有沒有哪一個領域是你覺得自己做得很失敗的？
- 我們該努力做好哪兩件事，好讓這裏成為一個優秀的公司？
- 神的恩典可以幫助我們什麼？
- 接下來這一年，你打算如何培養最有潛力的三個人（他們是誰）？
- 從誠信的角度來看，過去這一年對你個人、專業與組織影響最大的是什麼？

- 你在赫曼米勒看見的三個熵的信號是什麼？你如何處理？
- 舉出你的領域中，三個正在滋生綜效（synergy）的例子。我們可以如何利用它們？

最後，我認為別的領導人的想法是值得參考的，而且不見得要是與你相同領域的領導人。甘地有一回寫道，世間有七種罪：不勞而獲的財富；失去良知的享樂；有知識卻沒有人格；從商不顧道德；缺乏人道的科學；敬神明但不願奉獻；毫無原則的政治。從這七種罪的角度來看績效，將是妥善的績效檢討。

第14章

執行長如何塑造環境

我在思考建築物與企業文化之間的關係時，

我會想想我自己對「文化」的定義。

許多選項當中，

我選擇這個說法：

「文化，是文明的某個狀態或階段。」

在我看來，

這個定義和企業文化的概念有密切的連結……

人如何將口頭上往往是抽象的話語轉化為鋼鐵磐石？我們都熟知希臘人和羅馬人如何在建築物上留下他們文化的標記。馬雅人也會用出色的建物表現他們的文化。廣泛地說，你可以說建築物需要處理人與環境的關係。赫曼米勒做為一家公司，每天都在面對這個關係。

我在思考建築物與企業文化之間的關係時，我會想想我自己對「文化」（culture）的定義。許多選項當中，大多數都和生物學有關，我選擇這個說法：「文明的某個狀態或階段。」在我看來，這個定義和企業文化的概念有密切的連結，不過有個問題：我們應該如何將人造的設施，將它當成文明的一個狀態或階段？

要了解一個問題，先問問自己總會有幫助。如下是一些關於工作的物質面向與社會面向的問題。這些問題成為我思考工作環境的指引：

- 我做的一切算數嗎？
- 我做的一切對任何人有幫助嗎？

- 我為什麼應該來到這個地方？
- 我在這裏會有點成就嗎？
- 對我而言，在這裏有任何原因或理由嗎？
- 我在這個地方能夠「做主」嗎？
- 我有任何權利嗎？
- 來到這裏可以讓我的生命更充實嗎？
- 在這裏，我可以學到什麼？
- 我會把這個地方展示給我的家人看嗎——或是我會覺得這裏不能見人——或是根本無所謂？
- 這裏有什麼人是我可以信任的嗎？
- 我可以影響這個地方嗎？
- 如果將建築當成是社會反應的結果，會有幫助嗎？

物質環境非常重要，但是不比管理方式來得重要。物質環境很可能是管理方式的某些元素的結果。從這點來看，整個設施會反映出企業的脈絡背景、它的領導階層及它的價值。

在全國經濟與公司財務吃緊之際，赫曼米勒的一位員工老闆問道，為什麼要花那麼多錢，在密西根州濟蘭市的公司總部興建周圍的三座池塘。簡單說，這人問的是，這些池塘如何反映我們的公司及其價值。問這問題當然是有道理的。

建築物並非存在於真空中，池塘當然也不是。這些池塘是為了收集從我們建築物流下來的雨水，讓我們鄰居的土地不致淹水，並滿足當地的土地使用規定。火災發生的時候，池塘裏就有現成的水可以使用。池塘也讓我們的據點更添美感。我們甚至會在池塘旁邊野餐。

這三座池塘只是赫曼米勒設施的一小部分，它們反映的是公司對我們的業務、社群與人的態度。一切設施的脈絡當中，都應該要有這種道理存在。換言之，設施也應該要為企業文明的狀態或階段創造出它們應有的脈絡。

設施可以帶有某些特質，做為文明的表現。這些特質之中，有些是顯而易見的，有些則否。

設施應該要是一個可以讓人們占有的地方。如果能占有我們工作場所的設施，就很有自己做主當老闆的感覺了。房客和房東到底有著根本上的不同。房客，只是不用負責的房東而已。

設施應該要能使人們產生力量，盡全力施展身手。設施也要像經理人一樣，應該要能虛心受教。它們應該要能鼓勵人們更加認識企業生活：要擁有業務、競爭、關係與所有權的知識。我們的設施必須要能鼓勵人們多多進行溝通。

設施應該要是個可以發揮潛力的地方。它應該要是一個「高感度」（high touch）的地方。在這裏，我們有效而人性化地彼此產生關聯，與科技產生關聯。

好，說了這麼多，有哲學有實務，有設施有企業文化，那麼到底有沒有比較明確一點的方法？當然有。我們應該要把它當成一個目標，創造出這樣的環境，它會：

- 鼓勵這個社群心胸開放，鼓勵人們不經意的相遇
- 歡迎所有的人

- 友善對待使用者
- 變的時候要優雅
- 迎合人的需求
- 有助於人類活動
- 原諒規畫時發生的錯誤
- 使這個社群有能力（在環境的能力範圍內）不斷發揮潛力
- 就美觀與人類價值來說，對附近的景觀有所貢獻
- 滿足我們看得見的需求
- 隨時準備迎接驚喜或意外
- 可以接受衝突
- 具有彈性，不貴重，不笨重

我們必須做個謹慎的企業僕人，這點當然重要，但是要留意，在撙節開支的同時，不能犧牲完善的長程規畫與品質良好的環境。

重要的是，我們要讓未來充滿各種選擇。這需要真正嚴格的訓練，因為我們總是忍不住要盡可能敲定每一件事情。

重要的是，對於我們使用中的設施，我們每個人都得要了解它們的脈絡背景，以及它們為我們創造了什麼價值，這些價值的來龍去脈又是如何。

重要的是，我們不能太過專注於一個單一功能或需求，或因為它們而變得僵化。經驗告訴我們，我們需要各種不同的運用模式，也需要無限的成長機會。我們的一個目標，就是要建造一座**不定型的建築**（indeterminate building）。

另一個目標是要提出有關設施的正確問題。這點或許柏奇．富勒做得最好。

柏克明斯特．富勒（Buckminster Fuller）是個哲學家、發明家與設計家（我始終不清楚應該如何稱呼他！），有一回他去參觀一棟新建築，那是優秀的建築師諾曼．弗斯特（Norman Foster）在英格蘭鄉下剛完成的建物。諾曼悉心迎接他的參訪，並要求他的手下準備好柏奇可能提出的每一個問題。那棟龐然大物看起來像是由巨型直升機垂降在草坪上的擠出造型，諾曼與柏奇走近該建物時，諾曼不時在腦海裏複習各式各樣問題的答案。

他們走過那令人浩歎的建築，柏奇卻一路保持沉默。終於，他轉身用那沉穩又精光閃爍的目光直視諾曼，簡單問道：「它有多重？」

第15章

製造一個副總裁，請拌勻

無論對人或對組織而言，選擇副總裁的決策過程都非常重要。我們不僅是在確立管理與領導能力的基調與方向，而且是很明確地在面對我們即將留傳給後輩的遺產。

很多時候，領導的藝術看的是未來，為組織提供未來，並栽培一些並非只重視自身未來的領導人。這些未來的領導人在他們事業的某個時點，會得到副總裁的名銜。他們對企業或組織的日常運作是很重要，但他們的未來更是攸關團體的未來。在這些條件之下，要選擇副總裁絕非易事。

幾年前，我面臨選擇幾名新的副總裁的任務，於是寫了一份備忘錄給我的高階管理團隊。無論對人或對組織而言，選擇副總裁的決策過程都非常重要。我們不僅是在確立管理與領導能力的基調與方向，而且是很明確地在面對我們即將留傳給後輩的遺產。

心存此念，我建議用三種思維面對這重要的挑戰。

首先，領導人在做這個決定時，公司會要求一些事項：

- 這個職位顯然必須包含高階主管的工作職掌與責任
- 成立此一職銜對組織而言，必須彰顯出此一職銜的重要性，以及它對企業未來的重要性

- 居於此位的人不僅必須有個人的績效與成就，還要有持續成長與負起責任的潛力
- 無論就個人、專業或組織而言，這項任命都不能只是一種獎勵，更重要的是一種期待與挑戰
- 每一項任命，我們都必須向組織做好完全的交代

其次，組織對這些獲選為未來領導者的候選人，都會有些要求。這些人必須帶來能夠使他們稱職的特性，也就是所有領導人都應該具備的長處，以及本書談到的許多長處。未來的領導人需要：

- 擁有如一而可靠的正直人格
- 重視異質性與多樣化
- 會去尋找有能力的人
- 坦然面對相反的意見

- 和每一個階層的人都能輕鬆溝通
- 了解並且不斷提倡公平的概念
- 透過服務的方式領導
- 虛心面對別人的技能與才華
- 和組織及其工作培養親密感
- 能夠有大格局（超越他自己的工作範圍）
- 是發言人也是外交官
- 能夠擔任部落說書者（這是傳遞我們企業文化的重要方式）
- 會說**為什麼**，而不是**怎麼做**

第三，除了在我們的組織裏擔任發言人之外，這位新任副總裁還應該要認同我們的價值基礎。他或她應該要能夠在外在世界及公司內部宣揚赫曼米勒獨一無二的特色。候選人應該要了解並宣揚：

- 公司的價值體系
- 優良的設計（每一個方面）
- 參與式管理
- 公司所表現的人性與倫理特色

備忘錄送出之後，有幾位同仁建議，在選擇副總裁時，還可以考慮另外的一些想法。這些附加條件都是人們的經驗談，如其中一位所說：「因為曾經被蛇咬過。」以下是他們的意見：

- 值得追隨的領導者是以願景為基礎。
- 人格必須是上選。
- 對於我們的候選人，我們能否事先知道他們在信仰與實踐之間，以及工作與家庭之間，會不會有隔閡？
- 談到領導，我們總是會談到未來，談到留下遺產，談到追隨者。換句話說，領導工作和組織內部最重要的層面無法分割：它的人與它的未來。因此，這件工作必須非常緩慢而謹慎地進行。

- 選擇高階主管的時候，要有失敗的心理準備，才能全身而退。高階主管的升遷，應該要由一個小組決定，而且必須由大多數人同意。在這過程裏，大家都應該要完全投入，毫無保留。畢竟，以我們調任經理人的方式來說，你也許會繼承到一個你無法領導，或不想領導的團隊。
- 公司醫生對候選人的健康有何意見？
- 此人的同僚有什麼意見？
- 在一支重要的任務編組上，你會將此人當成是主要資源嗎？

這些都是重要的外加條件。選擇領導人是企業與組織所面臨的最重大事項。

你認為一個好的領導人還需要哪些特色？

第16章

為什麼我應該哭泣？

任何活在真實世界的人都知道，
多的是哭泣的理由。
領導者當然也會流淚，
但不是因為挫折和懊惱……

大男人會哭嗎？會。大男人應該哭嗎？當然。任何活在真實世界的人都知道，多的是哭泣的理由。我們因為勝利與悲劇而哭。大多數善良的人會因為值得敬佩的行為與令人悲嘆的行為而哭。

有些人也許會說：「麥克斯為什麼要哭？他是董事長，又是執行長。他還可能遇到什麼問題？」好吧，我的喜樂與悲傷或許跟別人不一樣，但是相信我，這並不會讓它們變得比較不真實。讓我告訴你最近我為什麼哭了。

我們的主管級與主任級的經理一共有六、七十人，大家每一季都會相聚檢討成果，討論企畫案，檢視構想與方向。

有一次，這個會議要開始之前不久，我收到一封很溫馨的信，寄件人是我們一位傷殘員工的母親。那封信很感人，她感謝赫曼米勒眾人付出的心力，讓一個嚴重弱勢者的生命變得充實而有意義。我們公司向來用心激勵弱勢員工，並肯定這些人的真實貢獻，雖然這些努力都只是悄悄地進行。因此在那些主管與主任面前讀一讀這封信似乎是個不錯的主意。

我幾乎快唸完了，卻再也唸不下去。我站在一大群人面前——其中頗有些硬漢——我舌頭打結，下不了台，也無法再繼續。那個時候，我們有個資深副總裁喬·史瓦茲（Joe Schwartz）——他是個彬彬有禮、有風度又成熟的人——踏上中央走道，一手環抱我的肩膀，親吻我的面頰，並將會議延期。

這種是我們比較需要的哭泣。不幸的是，還有另一種哭泣。幾年前，我們有位非常能幹的經理人離開總部，到一座大城市裏監管一座大廠。我們想要給他我們能給的一切協助。我們的一位資深人員問他需要什麼，這位經理人回道：「告訴那些總部的人，當我打電話回來時，要接電話，別把我當成顧客。」

好了，這就夠讓我們想哭了。

但我猜，很多人是不哭的。為什麼呢？因為這些人對他們的工作沒有親密感。他們一定從來不曾試著發揮自己的潛力。他們一定以為自己不會失敗。他們和自己的團體沒有盟約關係。

有些人落淚的原因和上述兩種不同。他們是因為挫敗與懊惱。這種哭泣是我們不需要的。

我們**會**為什麼而哭泣？我們**應該**為什麼而哭泣？這本書你讀到現在，或許會猜到我又要列個表了。如下是一些我們或許應該要哭的事：

- 膚淺
- 沒有尊嚴
- 缺乏正義，它會造成不公平
- 好消息！
- 溫柔
- 表示感謝的隻字片語
- 分離
- 傲慢
- 背棄了構想、原則、品質
- 專業術語，因為它不能釐清觀念，只會造成困惑
- 認為顧客是干擾
- 領導人只看獲利，不看行為

- 人們無法分辨英雄與名人
- 將愉悅與意義混為一談
- 從來不說「謝謝你」的領導人
- 必須在一個你無法自由施展身手的地方工作
- 原本是優秀人才，但他的領導人並不重視信任與能力，只靠勾心鬥角與階級意識
- 有些人是天賜的精神禮物

在「小便斗裏的粉紅色冰塊」一章裏，我在談到「熵」時也列了表，我們很容易在那裏加上一筆。你還會加上什麼？為什麼你應該哭泣？

第17章

優雅的標記

如果我們能認清事物的本質，
不以偏概全，
並且努力保持人的「可能性」——
我們無論做為人、企業或組織，
都會變得更好。

幾年前，我太太跟我偕同另一對夫婦到英格蘭及蘇格蘭度假。有一天晚上，我們沿著海岸線驅車到一座小小的村落，打算上一家酒吧晚餐。我們身邊是一片水域，但我們無法確定那是英吉利海峽（English Channel）或是費爾茅斯河口（Falmouth Estuary），後者是西班牙無敵艦隊（Spanish Armada）被殲滅的地方。我們正在車裏辯論不休，眼前卻見兩名婦女帶著一個小孩漫步在走道上。我跟友人說：「約翰，在路邊停一下，我要去問問那兩位女士，看這裏是不是英吉利海峽。」他依言停車，我放下車窗問：「小姐，對不起，請問這是英吉利海峽嗎？」她轉頭瞥了一眼，說：「呃，是它的**一部分**。」

大多數時候，當我們在思考我們自己和他人時，都彷彿盲人摸象，總是只摸到一部分。我們對個人——以及對企業——的評量，是評量我們為了完成自己所做的努力，以及我們想要發揮潛力而投入的精神。優雅的公司會解放它的成員，讓他們成就自己。優雅的領導者會讓他們所領導的人自由發揮，也是為了同樣的目的。

不幸的是，我們往往見樹就以為是見林，正如上述我未能精確使用語言的例子。企業界的悲哀是，情況往往都是如此。將部分當成整體會造成很大的壓力，無論在人際或財務上都一樣。

我們在辦公室或工廠裏，看見的人都只是他們的某些面向。但是就如我的父親發現的工匠，也就是第一章提到的那位詩人，我們在職場上看見的人們，也許根本就無法讓我們窺見他們的全貌。

同樣的，對一家企業或子公司只看短期的財務狀況，或只看當下的財務結果，會導致片面或甚至扭曲的印象，而無法看到整體。也可能會錯失了重要的元素。或許因為這樣我們將功虧一簣。我有個朋友對一位同事的形容可說一針見血，說他是「衝刺九十五碼健將」。這份殊榮我寧可不要。少了最後那五碼，前面的九十五碼都毫無意義。

又有一次，有人指出我也只是看到一部分。克爾特・休斯坦（Curt Shosten）是赫曼米勒的一位鑲板裝配員（panel assembler），他聽我說過「衝刺九十五碼」的故事，於是寫信來補足這個想法。他說，認真的跑者必須把它想成是衝刺一百一十碼，那麼你就不會在最後幾碼被追趕過去。這句話讓整個想法更完整了。還得要想到整體之外。

人們很容易以偏概全。有些構想還很粗略就被視為完整。有些關係還沒成形就以為很親密。價值被當成最後結論，而事實上它們只是個開始。如果我們能將部分就視為部分，努力使它們變得完整——如果我們能保持人的「可能性」——我們無論做為人、企業或組織都會變得更好。

優雅的領導人總會追求完整。優雅的標記有哪些呢？領導者應該如何努力解放擁有潛力的人？要當個優雅的領導者，要知道以下這些事情：

契約是關係的一小部分。完整的關係需要盟約。

知識與教育可以確認事實。智慧卻可以發現真理。企業生活裏兩者都需要。

付出時間並不一定代表真心投入。

階層組織與平等關係並非不能共存。階層組織提供聯繫。平等關係可以讓階層組織做出反應，善盡職責。

在團體中做事，若不能原諒，就沒有真正的自由。

機會必須永遠和負責連結在一起。不能承諾勇於負責，就沒有真正的機會與風險。沒有真正的機會與風險，就無法抓住能夠讓你負責的機緣；它會留在別的地方。

鯨魚就跟仙人掌一樣，都是獨一無二的。但是可別要求鯨魚去住在死谷（Death Valley）裏。我們都有特殊的天賦。我們在哪裏以及如何使用它們，會決定我們是否能夠真正完成什麼。

目標與獎勵都只是人類活動的部分，不同的部分。當獎勵成為我們的目標，我們就只是在追求工作的一部分。目標也是要追求的。在健康理性的關係之中，獎勵會帶來喜悅，並且讓整個過程圓滿。喜悅是領導的一個基本要素。領導者非得供應不可。

這些都是優雅的標記。在某個方面來說，撰寫本書是我使自己更完整的方法，試著成就最好的我。當然，我希望的是，本書的某些想法也可以幫助你發揮潛力。

此刻，我希望你在閱讀本書之餘，已經開始提筆寫些東西。我希望我的一些想法點燃了你的評論的火花，你讀出了弦外之音，也在字裏行間寫了許多眉批。我們追求優雅、完整與潛能的旅程不該有盡頭。多麼美妙的地平線！

後記

我在書前引言的結尾，提到有一些柱子太長了。現在我要用一些太短的柱子——刻意做得太短——來結束這本書。

英國著名的建築師雷恩爵士（Sir Christopher Wren）有一次在倫敦興建一棟建築。他的雇主表示，雷恩設計的某個空間太寬，說他需要另加一排柱子才能支撐。經過一陣討論之後，雷恩爵士勉強同意了。他加了另一排柱子，但是他在這排沒有必要的柱子和上方的橫樑之間，留下了一個空隙。

倫敦的那些貴族們，從地面上看不到這個空隙。一直到了今天，那根橫樑也沒垮下來。柱子依舊挺立，支撐住雷恩的信念。

領導並不只是一整套該做的事，它比較像是藝術、信仰與一種心境。成功的領導，終究需要透過實踐來落實。

經濟新潮社 〈經營管理系列〉

書號	書名	作者	定價
QB1092	**改造會議的技術**	宇井克己	280
QB1093	**放膽做決策**：一個經理人1000天的策略物語	三枝匡	350
QB1094	**開放式領導**：分享、參與、互動——從辦公室到塗鴉牆，善用社群的新思維	李夏琳	380
QB1095X	**華頓商學院的高效談判學（經典紀念版）**：讓你成為最好的談判者！	理查・謝爾	430
QB1098X	**Curation 策展的時代**：為碎片化資訊找到連結	佐佐木俊尚	370
QB1100X	**Facilitation 引導學**：有效提問、促進溝通、形成共識的關鍵能力	堀公俊	370
QB1101X	**體驗經濟時代**（20週年修訂版）：如何設計體驗，抓住顧客的時間、注意力和金錢	約瑟夫・派恩、詹姆斯・吉爾摩	420
QB1102X	**最極致的服務最賺錢**：麗池卡登、寶格麗、迪士尼都知道，服務要有人情味，讓顧客有回家的感覺	李奧納多・英格雷利、麥卡・所羅門	350
QB1107	**當責，從停止抱怨開始**：克服被害者心態，才能交出成果、達成目標！	羅傑・康納斯、湯瑪斯・史密斯、克雷格・希克曼	380
QB1108X	**增強你的意志力**：教你實現目標、抗拒誘惑的成功心理學	羅伊・鮑梅斯特、約翰・堤爾尼	380
QB1110X	**華頓商學院教你看懂財報，做出正確決策**	理查・蘭柏特	360
QB1111C	**V型復甦的經營**：只用二年，徹底改造一家公司！	三枝匡	500
QB1112X	**如何衡量萬事萬物**（經典紀念版）：做好量化決策、分析的有效方法	道格拉斯・哈伯德	500
QB1114X	**永不放棄**：我如何打造麥當勞王國（經典紀念版）	雷・克洛克、羅伯特・安德森	380
QB1117X	**改變世界的九大演算法**：讓今日電腦無所不能的最強概念（暢銷經典版）	約翰・麥考米克	380
QB1120X	**Peopleware**：腦力密集產業的人才管理之道（經典紀念版）	湯姆・狄馬克、提摩西・李斯特	460
QB1121	**創意，從無到有**（中英對照×創意插圖）	楊傑美	280
QB1123	**從自己做起，我就是力量**：善用「當責」新哲學，重新定義你的生活態度	羅傑・康納斯、湯姆・史密斯	280
QB1124	**人工智慧的未來**：揭露人類思維的奧祕	雷・庫茲威爾	500
QB1125	**超高齡社會的消費行為學**：掌握中高齡族群心理，洞察銀髮市場新趨勢	村田裕之	360

經濟新潮社 〈經營管理系列〉

書號	書名	作者	定價
QB1126X	**【戴明管理經典】轉危為安**：管理十四要點的實踐（修訂版）	愛德華・戴明	750
QB1127	**【戴明管理經典】新經濟學**：產、官、學一體適用，回歸人性的經營哲學	愛德華・戴明	450
QB1129	**系統思考**：克服盲點、面對複雜性、見樹又見林的整體思考	唐內拉・梅多斯	450
QB1132	**本田宗一郎自傳**：奔馳的夢想，我的夢想	本田宗一郎	350
QB1133	**BCG頂尖人才培育術**：外商顧問公司讓人才發揮潛力、持續成長的祕密	木村亮示、木山聰	360
QB1134	**馬自達Mazda技術魂**：駕馭的感動，奔馳的祕密	宮本喜一	380
QB1135X	**領導者的真正課題**：建立關係、堅持理念、與人性關懷的藝術	麥克斯・帝普雷	350
QB1136	**建立當責文化**：從思考、行動到成果，激發員工主動改變的領導流程	羅傑・康納斯、 湯姆・史密斯	380
QB1137	**黑天鵝經營學**：顛覆常識，破解商業世界的異常成功個案	井上達彥	420
QB1138	**超好賣的文案銷售術**：洞悉消費心理，業務行銷、社群小編、網路寫手必備的銷售寫作指南	安迪・麥斯蘭	320
QB1139X	**我懂了！專案管理**（暢銷紀念版）	約瑟夫・希格尼	400
QB1140	**策略選擇**：掌握解決問題的過程，面對複雜多變的挑戰	馬丁・瑞夫斯、 納特・漢拿斯、 詹美賈亞・辛哈	480
QB1141X	**說話的本質**：好好傾聽、用心說話，話術只是技巧，內涵才能打動人	堀紘一	340
QB1143	**比賽，從心開始**：如何建立自信、發揮潛力，學習任何技能的經典方法	提摩西・高威	330
QB1144	**智慧工廠**：迎戰資訊科技變革，工廠管理的轉型策略	清威人	420
QB1146	**如何成為有錢人**：富裕人生的心靈智慧	和田裕美	320
QB1147	**用數字做決策的思考術**：從選擇伴侶到解讀財報，會跑Excel，也要學會用數據分析做更好的決定	GLOBIS商學院著、 鈴木健一執筆	450
QB1148	**向上管理・向下管理**：埋頭苦幹沒人理，出人頭地有策略，承上啟下、左右逢源的職場聖典	蘿貝塔・勤斯基・瑪圖森	380
QB1149	**企業改造（修訂版）**：組織轉型的管理解謎，改革現場的教戰手冊	三枝匡	550

書 號	書 名	作 者	定價
QB1150	**自律就是自由**：輕鬆取巧純屬謊言，唯有紀律才是王道	喬可・威林克	380
QB1151	**高績效教練**：有效帶人、激發潛力的教練原理與實務（25週年紀念增訂版）	約翰・惠特默爵士	480
QB1152	**科技選擇**：如何善用新科技提升人類，而不是淘汰人類？	費維克・華德瓦、亞歷克斯・沙基佛	380
QB1153	**自駕車革命**：改變人類生活、顛覆社會樣貌的科技創新	霍德・利普森、梅爾芭・柯曼	480
QB1154	**U型理論精要**：從「我」到「我們」的系統思考，個人修練、組織轉型的學習之旅	奧圖・夏默	450
QB1155	**議題思考**：用單純的心面對複雜問題，交出有價值的成果，看穿表象、找到本質的知識生產術	安宅和人	360
QB1156	**豐田物語**：最強的經營，就是培育出「自己思考、自己行動」的人才	野地秩嘉	480
QB1157	**他人的力量**：如何尋求受益一生的人際關係	亨利・克勞德	360
QB1159X	**機率思考的策略論**：從機率的觀點，充分發揮「數學行銷」的力量	森岡毅、今西聖貴	550
QB1160X	**領導者的七種原型**：克服弱點、強化優點，重新認識自己，跨越領導力鴻溝！	洛麗・達絲卡	380
QB1161	**右腦思考**：善用直覺、觀察、感受，超越邏輯的高效工作法	內田和成	360
QB1162	**圖解智慧工廠**：IoT、AI、RPA如何改變製造業	松林光男審閱、川上正伸、新堀克美、竹內芳久編著	420
QB1164X	**創意的20個抽屜**：發現問題、解決問題的發想法	內田和成	360
QB1165	**高說服力的文案寫作心法**：為什麼你的文案沒有效？教你潛入顧客內心世界，寫出真正能銷售的必勝文案！	安迪・麥斯蘭	450
QB1166	**精實服務**：將精實原則延伸到消費端，全面消除浪費，創造獲利（經典紀念版）	詹姆斯・沃馬克、丹尼爾・瓊斯	450
QB1167	**助人改變**：持續成長、築夢踏實的同理心教練法	理查・博雅吉斯、梅爾文・史密斯、艾倫・凡伍思坦	380
QB1168	**刪到只剩二十字**：用一個強而有力的訊息打動對方，寫文案和說話都用得到的高概念溝通術	利普舒茲信元夏代	360

經濟新潮社　〈經營管理系列〉

書號	書名	作者	定價
QB1169	**完全圖解物聯網：**實戰·案例·獲利模式　從技術到商機、從感測器到系統建構的數位轉型指南	八子知礼編著；杉山恒司等合著	450
QB1170	**統計的藝術：**如何從數據中了解事實，掌握世界	大衛·史匹格哈特	580
QB1171	**解決問題：**克服困境、突破關卡的思考法和工作術	高田貴久、岩澤智之	450
QB1172	**Metadata後設資料：**精準搜尋、一找就中，數據就是資產！教你活用「描述資料的資料」，加強資訊的連結和透通	傑福瑞·彭蒙藍茲	420
QB1173	**銷售洗腦：**「謝了！我只是看看」當顧客這麼說，你要怎麼辦？輕鬆帶著顧客順利成交的業務魔法	哈利·佛里曼	380
QB1174	**提問的設計：**運用引導學，找出對的課題，開啟有意義的對話	安齋勇樹、塩瀨隆之	480
QB1175	**時基競爭：**快商務如何重塑全球市場	喬治·史托克、湯瑪斯·郝特	480
QB1176	**決戰庫存：**連結客戶與供應商，一本談供應鏈管理的小說	程曉華	480
QB1177X	**內省的技術**（新版）：勇敢了解自我、願意真心傾聽，培養主動學習的能力，讓自己和組織更強大！	熊平美香	480
QB1178	**打造敏捷企業：**在多變的時代，徹底提升組織和個人效能的敏捷管理法	戴瑞·里格比、莎拉·艾柯、史帝夫·貝瑞茲	520
QB1179	**鑽石心態：**運動心理學教你打造強健的心理素質，跨越比賽與人生的難關	麥特·費茲傑羅	480
QB1180	**圖解豐田生產方式**（暢銷紀念版）	豐田生產方式研究會	350
QB1181	**西蒙學習法：**如何在短時間內快速學會新知識	友榮方略	360
QB1182	**敏捷思考的高績效工作術：**在沒有答案的時代，繼續生存的職場五力	坂田幸樹	450
QB1183	**矛盾思考：**翻轉兩難情境，找到問題的新解方	安齋勇樹　館野泰一	480
QB1184	**費米推論：**最強的商業思考！學會估計市場規模，快速估算未知數字的思考模式	高松智史	500
QB1185	**大谷翔平也在用的曼陀羅思考法：**實現夢想、達成目標的九宮格計畫表	松田充弘、松村剛志	450

國家圖書館出版品預行編目資料

領導者的真正課題：建立關係、堅持理念、與人性關懷的藝術／麥克斯・帝普雷（Max De Pree）著；江麗美譯. -- 三版. -- 臺北市：經濟新潮社出版：英屬蓋曼群島商家庭傳媒股份有限公司城邦分公司發行, 2024.06
面；　公分. --（經營管理；135）
譯自：Leadership is an art.
ISBN 978-626-7195-67-3（平裝）

1. CST: 領導理論

541.776　　113007016